国外当代教育研究译丛

精准教学系列

主　编　盛群力　肖龙海

副主编　冯建超

组织学习活动：

小组互动方法

ZUZHI XUEXI HUODONG：

XIAOZU HUDONG FANGFA

[美] 蒂娜·森　罗伯特·J. 马扎诺　著

莉比·H. 加斯特　卡拉·摩尔　协编

陶言　译　　盛群力　校

中原出版传媒集团

中原传媒股份公司

大象出版社

·郑州·

图书在版编目(CIP)数据

组织学习活动 : 小组互动方法 / (美) 蒂娜 · 森, (美) 罗伯特 · J. 马扎诺著; 陶言译.— 郑州 : 大象出版社, 2018. 11

(国外当代教育研究译丛.精准教学系列)

ISBN 978-7-5347-9965-5

Ⅰ. ①组… Ⅱ. ①蒂… ②罗… ③陶… Ⅲ. ①课堂教学—教学设计 Ⅳ. ①G424. 21

中国版本图书馆 CIP 数据核字(2018)第 249977 号

出 版 人 王刘纯
责任编辑 范 倩
责任校对 张迎娟
装帧设计 张 帆
出版发行 大象出版社(郑州市开元路 16 号 邮政编码 450044)
发行科 0371-63863551 总编室 0371-65597936
网　　址 www.daxiang.cn
印　　刷 河南新华印刷集团有限公司
经　　销 各地新华书店经销
开　　本 787mm×1092mm 1/16
印　　张 7.75
字　　数 102 千字
版　　次 2018 年 11 月第 1 版 2018 年 11 月第 1 次印刷
定　　价 19.00 元
若发现印、装质量问题,影响阅读,请与承印厂联系调换。
印厂地址 郑州市经五路 12 号
邮政编码 450002 电话 0371-65957865

浙江省卓越教师培养协同创新中心
2017—2018 年度重点项目“教师教学设计应用模式研究”成果

浙江传媒学院教师教学发展中心合作成果

精准教学系列

“精准教学系列”（The Essentials for Achieving Rigor Series）这套教学指导书有助于教育工作者在实施、监控和适应教学方面做到得心应手。本系列采用了日常示例作为课堂应用的范例，使之具有即时的实践效果。

《确定关键内容：把握重点的方法》

《言之有理：提出与辩护主张的方法》

《记录与表征知识：准确组织与总结内容的方法》

《区分异同：深度理解的方法》

《加工新知：参与学习的方法》

《梳理知识：检查深度理解的方法》

《编制与使用学习目标和表现量规：教师如何作出最佳教学决策》

《参与综合认知任务：跨学科提出与检验假设的方法》

《操练技能、策略与过程：熟能生巧的方法》

《组织学习活动：小组互动方法》

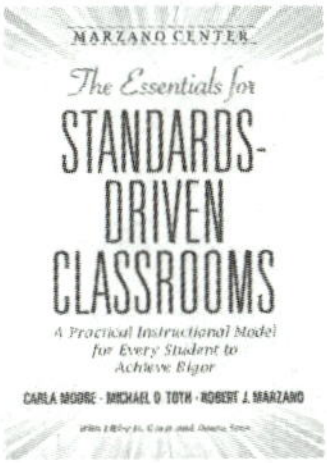

《标准驱动的课堂：精准教学的实践模式》

致　谢

国际学习科学组织（Learning Sciences International）感谢以下审稿人的帮助：

安妮·E. 哈塞

（Anne E. Hasse）

威斯康星州，梅诺莫尼，瓦坎达小学，2014年威斯康星州年度优秀小学教师

贝丝·马洛尼

（Beth Maloney）

亚利桑那州，瑟普赖斯，日落山小学，2014年亚利桑那州年度优秀教师

克里斯汀·卡尔塞斯

（Kristen Karszes）

南卡罗来纳州，博福特县，希尔顿黑德岛高中，2013年博福特县年度优秀教师

达妮埃莱·马西

（Daniele Massey）

国防部教育活动处，2013年年度优秀教师

黛安娜·莱迪

（Diana Leddy）

佛蒙特州，南斯特拉福德，牛顿学校，2009年佛蒙特州年度优秀教师

海迪·韦尔奇

（Heidi Welch）

新罕布什尔州，希尔斯伯勒，希尔斯伯勒-迪林中学，2013年新罕布什尔州年度优秀教师

献　词

谨把本书献给我的侄女塔拉（Tara）和莱拉（Lyla），很幸运此生遇到世界上最细腻、最聪明、最活泼、最漂亮的侄女。我同等地爱你们!

——蒂娜·森（Deana Senn）

作者简介

蒂娜·森（DEANA SENN），环境卫生工程学硕士，教学策略和课堂评估专家，国际学习科学组织的教学设计师和职业培训师。森女士在课程、教学和评估方面的经历跨越美国和加拿大两国，不管在农村还是在城市，一直是学校、学区、地区和州级的教师和领军人。她毕业于得克萨斯州农工大学，并从蒙大拿州立大学获得硕士学位。在教学和学习方面有丰富经验，为改善教学实践提供了独特的视角。

罗伯特·J. 马扎诺（ROBERT J. MARZANO），博士，马扎诺研究实验室首席执行官，学习科学马扎诺中心教师和领导评估执行主任。作为教育研究的先驱者，他是一名演说家、培训师和作家，发表论文 150 多篇，涉及教学、评估、写作及实施标准、认知、有效领导和学校干预等。撰写著作 30 多部，包括《教学的艺术与科学》（ASCD，2007）和《差异化教师评估》（ASCD，2013）。

莉比·H. 加斯特（LIBBY H. GARST），教育学硕士，作为学习科学马扎诺中心的职业培训师和教学设计师，为教师成长提供专业发展支持。是一名成功的教师和培训师。毕业于弗吉尼亚理工大学，于弗吉尼亚大学获得硕士学位。

卡拉·摩尔（CARLA MOORE），教育学硕士，监管国际学习科学组织的产品和内容开发，特别强调教师和管理人员的工作有效性。从瓦尔多斯塔州立大学获得学士学位。

目 录

引　言

《组织学习活动：小组互动方法》旨在以组织学习活动的形式，为改进具体教学实践策略提供资源。

本书可以为教师提供基于实证研究的教学策略（如马扎诺教学框架中所涉及的），来改善教学实践。本书还可以帮助教师在课堂上实施精准的教学策略，使学生达到各类标准的要求，如《共同核心国家标准》（*Common Core State Standards*）、《新一代科学教育标准》（*Next Generation Science Standards*）、《社会研究国家标准 C3 框架》（*C3 Framework for Social Studies State Standards*）、基于或受《大学与职业准备锚定标准》（*College and Career Readiness Anchor Standards*）影响的各州立标准。

本书可以帮助所有年级和学科的教师提高运用“组织学

习活动”这一教学策略的能力。聚焦组织学习活动这一技能，你将能专注于该教学策略的细微之处并细致地做出改进，并进一步在具体教学实践中有意识地规划、实施、监控、调适、反思这一策略。正像马扎诺和托特（Marzano & Toth, 2013）所说，一个想成为专家的人会有其独特的策略：

◇把教师专业发展所需的特定技能加以具体分解。

◇专注于在实践或日常活动中改进特定的关键技能模块（而非简单的任务）。

◇获得即时、具体和可操作的反馈，特别是从更有经验的教练那里得到评价。

◇在更具挑战性的水平上，不断练习每个关键技能直到掌握。对已经掌握的技能则尽量减少时间投入。

“精准教学系列”就是基于上述方法，专注于分解教师专业成长所需特定技能，提供日常的实用建议，以帮助教师更得心应手地运用这些技能。

基于马扎诺教学模式

“精准教学系列”基于“马扎诺教学框架”（Marzano Instructional Framework），即以研究为基础，为教育工作者提供将教学实践与学生学业成就联系起来所需的工具。本系列使用了马扎诺教学模式（Marzano Model of Instruction）的关键术语，见表 1 关键术语表。

表 1　关键术语表

术语	定义
《共同核心国家标准》（CCSS）	《共同核心国家标准》是由共同核心国家标准计划（CCSSI）开发的标准文件的正式名称，其目的是为美国学生的大学深造和职业生涯做好准备
《大学与职业准备锚定标准》（CCR）	《大学与职业准备锚定标准》是一个较为宽泛的说明，包含针对各年级和特定内容领域的具体标准
预期结果（Desired result）	由于实施一项具体策略而对学生提出的预期结果
监控（Monitoring）	在实施具体策略时，检查学生是否达成预期结果的行为
教学策略（Instructional strategy）	已经证实的、在课堂教学中较可能提高学业成就的一类方法
教学方法（Instructional technique）	用于使学生掌握和深入理解知识和技能的方法
内容（Content）	学生达到标准要求所需的知识和技能
支架（Scaffolding）	有针对性地提供支持，从而使认知复杂性和学生自主性达到精准目标
拓展（Extending）	将已经表现出预期结果的学生提升到更高理解水平的活动

数十年来，教育趋势犹如钟摆一般一直摇摆不定。教育工作者在规范的清单式教案和循序渐进的课程计划之间徘徊，目的都是帮助教师实现教学自主，然而他们在教学科学以及教师的责任方面考虑得非常少。在这些精确解释有效教学的方法中，往往缺少两种做法：（1）预期结果的具体陈述；（2）基于研究的坚实连接。马扎诺教学框架提供了一个全面的系统，详细说明了什么才是教师使用基于研究的教学策略所需要的。从这个坚实的教学基础出发，教师可以将教学的科学与自己独特而又有效的教学风格相结合，这就是教学的艺术。

《组织学习活动：小组互动方法》将帮助你成长为高水平的创新型教师，使你能够实施这一策略，并开展支架教学和拓展教学以满足学生的一系列需求。

精准教学系列

“精准教学系列”详细介绍了基本的课堂策略,以支持教学中复杂的转变,这对于所有学生所需的精准教学环境来说是必不可少的。本系列介绍的教学策略对有效地教授《共同核心国家标准》《新一代科学教育标准》或学校所在区、州指定的标准至关重要。这些严格标准需要更深入的理解，运用更有效的策略加以更广泛的实施，从而使学生能够展现出标准所要求的知识和技能。本系列包括适用于所有年级和学科领域的教学方法，还包含针对具体年级的实例，可作为教师在课堂中应用的样例和落脚点。

无论教授哪个年级和学科，熟练运用这些策略对学生掌握《共同核心国家标准》或其他标准来说都至关重要。“精准教学系列”中涵盖的其他教学策略，例如如何做到言之有理和引导学生参与综合认知任务，体现了如何满足严格标准所需的认知复杂性。作为一个系列，这些策略乍看起来似乎有些令人生畏。因此，本系列将在每本书中仅关注一个具体策略。

组织学习活动

组织学习活动是一个强有力的教学策略，其重点是促进小组讨论，并让学生在小组中使用学术语言来开展讨论。该策略的具体形式可以是正式的学生组织，也可以是小组内或者两个搭档的非正式对话。该策略不包括全班讨论，即使学生在全班讨论过程中也在彼此交谈。虽然在教学过程中教师的确需要时间和空间来领导全班对话，但这一策略侧重于学生小群体的互动，而不是与教师的对话。

当要求学生互相交流时，请思考希望他们一起合作学习掌握的知识的类型。陈述性知识（declarative knowledge）是指学生需要理解的事实。如果希望学生在小组学习过程中与合作伙伴或组内成员就陈述性知识进行交流，可以允许学生在上课时随时讨论信息并分享想法。但是，如果希望学生通过互相交流来学习程序性知识（procedural knowledge），他们需要首先独立学习。学生在有机会思考自己的想法之后，才可以与同伴讨论，检查自己的理解是否准确并讨论各自的观点。

组织学生一起学习时，必须有明确的互动目的。目的可能是帮助学生理解新内容，练习某个程序，甚至完善他们的想法。因此，组织学习活动几乎总是与其他教学策略相辅相成，如帮助学生加工新知，帮助学生操练技能、策略与过程，或帮助学生梳理知识。在课堂中同时使用两个或多个教学策略，即**宏观策略**（macrostrategy）。然而，无论使用哪种策略配合组织学习活动，都必须首先确定希望学生如何进行互动。学生可以通过协同与合作两种方式进行互动。

协同学习

协同学习（collaborative learning）是学习时学生分享想法并考虑他人观点的一种互动方式。在这种学习方式中，任务相互依赖性很弱。学生可能被要求分享或被提醒继续完成他们的任务，但其完成任务方面的成功并不会立即与协同学习中他们的效能产生关联。有时为了让学生勇于发言，有必要做到很少甚至没有任务问责。但是，要明确的是，协同学习仍然要求学生参与和学习。没有学习成果的要求并不意味着学生可以选择不参加学习活动。教师需要合理组织学习活动，以确保所有学生都能参与，在小组中发挥作用。

合作学习

合作学习（cooperative learning）是促进学生通过共同努力完成具体最终成果或目标的一种互动方式。这种类型的小组合作对责任到人提出了更高的要求，因为通常小组需要完成一个任务或产出一些成果。这种类型的小组合作也被称为**效能型小组合作**（productive group work）。效能型小组合作可以有团队和/或个人问责制，并且这种合作方式在巩固学生的思考和理解方面很有用。当期望学生产出学习成果时，你可以制定更长的互动时期，以便他们能够深思熟虑，并应用正在学习的内容。了解合作学习和协作学习之间的区别，将有助于你了解其各自目的，以及在过程中确定学生互动的方式。

有些学生可能没有机会在先前的年级与同学合作，并将这种合作作为学习过程的一个组成部分。他们可能只被要求独立学习或在教师的协助下学习，没有被要求或被鼓励与同学分享想法。因此，许多学生缺乏有效的小组合作所必需的技能。一般来说，个人将所学知识与如何使之更好地在生活中发挥作用这两者结合起来的技能，被称为**意动技能**（conative skills）。这些技能对于小组活动也是必需的，应该悉心教导并予以支持，以此作为教育学生如何在学习过程中开展互动的良好规范的组成部分。表 2 是意动技能的一份列表，本书在介绍具体小组互动方法时将对其展开更详细的讨论。

表 2　意动技能

意识到解释的力量
培育成长心态
培养韧性
避免消极思考
多角度思考问题
负责任地互动
处理争议和解决冲突

摘自 Marzano, Carbaugh, Rutherford, & Toth（2014）。

组织学习活动的有效实施

当学生认识到自己的成功与小组成员的成功联系在一起时，积极互赖关系就形成了，这是学生有效互动的重要前提条件（Johnson, 1975）。当学生意识到每个小组成员对于实现彼此的目标都不可或缺，而且他们都依赖同伴并对同伴有义务时，合作学习的条件就成熟了（Frey, Fisher, & Everlove, 2009）。教师组织学习活动的重中之重，就是为学生合作的积极互赖关系创造条件并奠定基础。

每次互动时，都要让学生有一个具体的目标。学生理解小组活动的目标，将有助于建立有效互动所需的积极互赖关系。在学生互动之前，要考虑何时、何地、为何以及如何让学生互相交流等具体细节。本书介绍的方法将在这方面重点发挥作用。当你阅读这些方法时，请注意，其次序反映了逐渐提高的认知复杂性。要求学生通过回忆或理解来关注陈述性知识时，聚焦协同讨论的方法将最有效。在学习过程时，应该要求学生在更长的时间内以更广泛的方式使用更多的合作方法进行互动。方法的排序反映了这一点，并且这些方法最终聚焦元认知，引导学生互动。

以下教师行为对组织学习活动的有效实施至关重要：

◇明确关键内容。

◇规划有意义的任务。

◇构建有目的的互动。

◇安排学生分组。

◇建立互动常规。

◇教学和强化意动技能。

在准备有效实施这一策略时，请先考虑如何避免以下常见错误。这些错误会阻碍教学，可能最终影响到学生的学习。

◇教师未能明确关键内容。

◇教师未能安排有目的的学生互动。

◇教师未能组织学生进行小组互动。

◇教师未能脱离对话。

未能明确关键内容

当打算给学生分组时，你可能很容易忽略提前在脑中过一下整个具体流程。你也许会考虑希望学生小组致力于什么内容，或者想要他们如何进行互动，但是，为了有针对性地进行互动，你必须有意选择希望学生学习、深化或应用的关键内容。

未能安排有目的的学生互动

教师可能认为学生可以自己组织进行协同合作，但事实往往不是这样。学生需要有关如何有针对性地互动的架构和指导。为了安排有目的的互动，教师需要指定学生在小组中要完成的任务，然后确定如何组织学生互动。

未能组织学生进行小组互动

你可能会认为，因为学生对在社交环境中进行互动并不陌生，所以他们也会知道在学术情境下应当如何互动。但是，学生常常对自己的知识感到胆怯，或者不知道出现分歧时如何以尊重他人的方式表达自己。通过教授学生小组学习特定的规范，以及与同伴协作互动的情感准备所需的适合的意动技能，你可以帮助学生为进行互动做好准备。

未能脱离对话

只关注邻近小组的活动是一个错误，其结果通常是你只与该组的某个成员进行了对话，或者控制了整个小组的话语权，只要求学生听。如果你是说话的人，就会错过机会来确定学生是否具备你所教授的知识和技能。虽然你可能会与小组中的学生进行丰富的对话，但互动的目的是让学生彼此之间进行对话。如果你不习惯在学生进行小组活动时退居幕后，在各小组间来回巡查时会发现，走近某个小组时，组内学生就变得鸦雀无声了，因为他们习惯于教师来做决定。相反，你应该要求学生继续讨论。如果学生不习惯教师在旁边聆听，他们起初可能会感到有些不自在，但是，只要抛给小组几个引导性的问题和回答提示，那么，他们很快就会开始在你面前自在讨论了。

监控预期结果

作为实施的一个重要组成部分，不仅仅要安排学生分组学习。在互动过程中，必须有意监控，以确保学生能够通过互动加强对关键内容的理解。首先，请不要在教学中四面出击，要抓住各种重要的机会确定学生是否明白你在教什么。其次，组织学习活动时请多四处走动并倾听，留心学生使用的学术语言，以确定他们是否了解关键内容，并且是否能够在概念之间建立联系。最后，注意任何在学生中可能广泛存在的误解，并确保立即纠正。教师可以通过以下几种方式，监控学生是否有效地进行互动以增强对关键内容的理解：

◇学生彼此之间使用学术语言来谈论内容。

◇学生分享自己对关键内容的看法。

◇学生在小组合作中清楚自己的职责。

◇学生公平分担工作量。

◇学生使用小组互动来增强学习。

开展支架教学和拓展教学满足学生的需要

在监控每种教学方法的预期结果时，你很可能会意识到，在互动中有些学生的学习效果不尽如人意，另一些学生则能够轻松表现出某种具体教学方法的预期结果。所以，教师需要对这些做到心中有数，灵活运用各种方法，以满足部分学生对支架教学和拓展教学的需要。

教师可以为需要支架教学的学生提供四种不同类型的支持：（1）教师（包

括教学助手或其他专业人员）或同伴提供的支持；（2）教师调控内容或互动的难度级别（例如提供包含相同内容的更简单的阅读级别）；（3）将内容或互动分解成更小的模块，使其更易于掌握；（4）向学生提供图形组织者，通过每次一个任务，一步一步地澄清和引导其思维（Dickson, Collins, Simmons, & Kame'enui, 1998）。

本书描述的每种方法中，都有通过提供支架教学和拓展教学满足学生需要的示例。**支架**（Scaffolding）教学提供了针对认知复杂性、学生自主性的精准的支持。对于已经表现出预期结果的学生，**拓展**（Extending）教学可以将互动和理解导向更高的水平。这些案例是作为建议提供的，你应该根据学生的具体需要加以调整。当你计划满足英语学习者、接受特殊教育或缺少家庭支持的学生，甚至仅仅只是前天缺席的学生时，可以使用这些案例来启发其思路。拓展活动可以帮助你为有天赋和有才华的学生，或者对你正在教学的课题兴趣浓厚的学生安排课程。

教师反思

提升组织学习活动的专业知识时，对技能水平和有效性做出反思，可以帮助你更好地实施这一策略。对以下一些问题进行反思，你可以得到启发。当反思如何开始实施过程，并逐步采取更复杂的方式组织学习活动时，问题就开始变得简单。

1. 如何开始将这一策略纳入教学中？

2. 如何构建关于关键内容的有目的的学生互动？

3. 如何监控学生分享关键内容的看法达到了什么程度？

4. 可以采取什么方法改编组织学习活动，以满足特定学生的需要和具体情况？

5. 在组织学习活动时，对自己的学生有哪些进一步的了解？

组织学习活动的教学方法

关于如何组织学习活动有很多选择，而最终目标是使学生达到年级或课程内容要求的学习目标。在特定课时或单元中选择使用的方法，将取决于所教授的年级、涉及的内容和班级的组成。这些被称为**教学方法**（instructional techniques）。本书提供了实现以下方法所需的设施、规范和支持：

◇教学方法 1：配对讨论（Partner Discussions）

◇教学方法 2：合理分组（Grouping for Active Processing）

◇教学方法 3：配对练习（Paired Practice）

◇教学方法 4：结构化分组（Structured Grouping）

◇教学方法 5：合作项目（Cooperative Projects）

◇教学方法 6：同伴互评小组（Peer Response Groups）

◇教学方法 7：小组学习反思（Group Reflecting on Learning）

所有的方法都有类似的组织构成，且都包括以下部分的内容：

◇教学方法简介。

◇教学方法有效实施的途径。

◇方法实施过程中需要规避的常见误区。

◇中小学课堂上的正例和反例。

◇预期结果的监控方法。

◇监控学生的量规。

◇开展支架教学和拓展教学满足学生需要的方法。

教学方法 1　配对讨论

配对讨论通常是教师用于促进对等互动的首要方法之一。这一方法需要的准备时间很少，并且可以是让学生在学习过程中互相交流的很好的切入点。在这一方法中，小组责任是有限的。学生可能会被要求在配对讨论后与全班分享观点，但是通常不会被要求在互动后产出一个具体的学习成果。

与同伴分享观点是学习新内容的关键层面。要求学生对提示做出回应，然后与同伴分享信息，从而让他们可以体验到多角度观点。与同伴分享信息使学生可以了解其他人如何相互交流和加工信息，从而扩充甚至改变自己的理解。像配对讨论这样共享经验，是教学过程的重要组成部分（Marzano & Brown, 2009）。

如何有效地实施配对讨论

本书简介中已经列出组织学习活动需要的六种教师行为，在这里再次列出以作回顾：（1）明确关键内容；（2）规划有意义的任务；（3）构建有目的的互动；（4）安排学生分组；（5）建立互动常规；（6）教学和强化意动技能。以下部分将一一说明这些行为专门用于实施配对讨论的相关情况。

明确关键内容

明确希望学生讨论关键内容的哪些具体方面，这是实施配对讨论的第一步。运用选择的学习目标帮助你明确内容。学生互动必须具有特定的目的，而且该目的应该与学习目标相联系。如果你对学生参与配对讨论什么内容感到迷茫，那么学生也将会对互动点感到困惑。

规划有意义的任务

回答教师提出的问题是促进配对讨论的最常见方法之一。提出无法简单回应的问题，才能最大限度地提高学生互动的数量和质量。简单回应只是表面上的热闹，反而干扰了对话信息的给予和获取。引入优质提问的一种方法是在直导教学期间定期嵌入一个开放式问题。构建认知复杂的、需要更多回应的问题。开放式问题有两个优点：（1）为学生提供成为主动学习者的机会；（2）教师可以听到学生彼此的交谈，从而立即知道学生是否正在学习你希望他们从课堂中获得的东西。学生讨论复杂的想法时会产生丰富的对话。如果学生在学习和加工内容之前没有互动学习的经验，他们可能会因与同伴分享想法而感到紧张。可以通过示范如何进行丰富的对话，指导学生进行富有成效的对话。

构建有目的的互动

在明确关键内容并确定了用于引发有关关键内容的对话的问题或提示后，就可以决定如何在配对讨论过程中构建学生互动。首先确定合作伙伴中谁先发言及每人发言的时间。指导学生如何轮流发言和回应合作伙伴的陈述。在有意识的互动过程中，有基本的规范是至关重要的，以防止个别学生从合作伙伴那里抢夺话语权。

如果想不移动课桌而定期重新安排合作伙伴，可以让学生四人一组落座，然后指导他们与横向邻座伙伴或竖向邻座伙伴交流。图 1.1 说明了用于横向邻座伙伴交流和竖向邻座伙伴交流的座位安排。

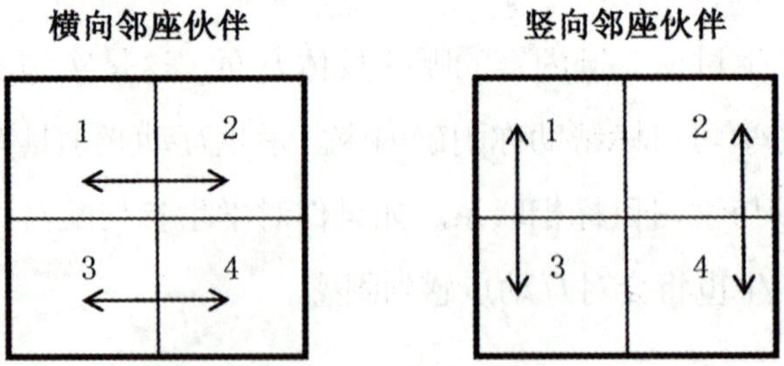

图 1.1　指定合作伙伴的座位安排样例

思考—配对—分享（Think-Pair-Share, Kagan, 2009）是配对讨论的一个

变式，即学生在与另一名学生配对互动之前，先考虑对提示的回应以便分享彼此的想法。教师可以要求学生与全班分享想法。配对讨论的第二个变式是阅读—写作—配对—分享（Read-Write-Pair-Share），即学生先阅读材料、撰写回应内容、参与配对交流，然后再与全班分享想法。这种配对分享允许学生在与他人分享之前记录或表达自己的想法，给予其更多的时间进行个人思路整理。如果采用此变式，请为学生留出足够的时间来进行阅读并得出答案。

简单的“轮流交谈”（Turn-and-Talk）是配对讨论一个不太正式的变式，即学生转向邻近的同学，回答教师提出的问题或提示。轮流交谈时不需要考虑谁先发言或者每人说多长时间。很多时候，一旦规范到位，这种形式的配对互动就能形成，学生就能习惯于彼此进行学习交流。如果学生刚刚开始进行互相交流，请使用较为正式的配对讨论形式。如果学生已经熟悉了配对讨论的流程，可以稍微放宽一些规则并尝试运用其他变式。

安排学生分组

请提前思考如何让学生配对。一种常见的做法是将不同学习程度的学生结合起来，将学优生与学困生组合在一起。可以使用单元预测的评估数据或先前单元的结果来帮助自己做出决定。在分析数据时，不要只是盯着正确或错误答案有多少。请关注学生已经掌握了哪些概念，以及哪些内容还需要更多的指导或练习。即使是在基础知识方面各有长短的学生配对，他们也能够取长补短，各有所获。将对同样概念内容不甚理解的两个学生组合在一起，可能会让教师在帮助学生的时候精准地利用时间。将两名具有较多知识背景的学生放在一起，可以激励他们追求卓越。根据使用的数据做出决定时，请有所计划。

建立互动常规

建立课堂常规往往是经验丰富的教师的习性。如果你已经不是新手教师，那么可能已经忘记了最初思考和建立在课堂上的常规所花的时间和精力。刚开始要求学生在学习过程中相互交流，请考虑要建立的合作伙伴互动的特定规则和程序。通常使用的课堂常规，例如想要回答问题请先举手，不要交头接耳，等等，对于配对讨论来说并不适用。要仔细选择想与学生建立的规则和程序，例如如何学会等待与轮流发言，何时尊重地聆听别人发言，以及将对话集中在关键内容上的必要性。请教导和示范这些常规，直到学生准确地了解何时以及如何运用。

当课堂中的协同与合作成为一种规范时，学生通常会在一堂课中多次采用配对讨论。因此，请安排好座位表和课桌布局，以便学生能轻松地与教师指定的合作伙伴合作。提前思考如何安排学生的分组和课桌布局可以节省宝贵的教学时间。要围绕小组活动建立常规，例如，座位面向哪个方向？哪个合作伙伴移动？如果合作伙伴缺席应该怎么做？起初在建立这些常规上花费一些时间，将有助于确保学生从一开始就担负责任、富有成效地进行互动，有助于在课堂上创造一种协同与合作文化。

教学和强化意动技能

在开始时要花点时间教给学生良好的聆听方法，包括积极聆听的方法。聆听技能是注视说话的人而不轻易打断，也不让人分心的行为。小学教师经常在小学低年级就教授这些技能，但高年级的教师有时会忘记还要加强这些技能。虽然用于描述和教授聆听技能的语言可能会随着学生的成熟而改变，但良好聆听的预期行为始终保持不变。

除了上述普通的聆听技能，还可以教授并示范，使学生进一步成为积极的聆听者。积极聆听不仅是听取和理解发言者的讲话，而且还要帮助发言者清晰地表达想法，并找出解决问题的方法。通过以下三个步骤进行示范，教师能向学生展示积极聆听：

1. 发言者回答提示。

2. 积极的聆听者用自己的话重述答案。

3. 积极的聆听者详细阐述原来的答案。

一旦学生观察到如何开展积极聆听并在活动中表现出来，请及时提供正面的反馈。

常见错误

促进配对讨论时，教师可能会犯以下几个常见的错误：

◇教师没有提供具体的问题给学生回答。

◇教师问不需要讨论的问题。

◇教师直接提供问题的答案，而没有听学生回答。

◇教师没有让学生聚焦课程关键内容。

◇教师不教授、不示范、不定期应用有关谁先发言、每人发言多长时间等常规。

◇教师要求每个学生在讨论之后都做分享。

配对讨论的正例与反例

以下是如何在课堂中使用配对讨论的两组正面示例和反面示例（一组小学和一组中学）。在阅读示例时，请注意在实施此策略时你可能会遇到的常见错误，并考虑示例中教师是如何监控预期结果的。

配对讨论的小学正例

该示例的主角是一位一年级的教师，这位教师采用配对讨论与以下学习目标相关：使用观察的方法，解释子代植物和动物如何与其亲代既相似又不完全相同。该学习目标符合标准（NGSS 1-LS3-1）：通过观察编制子代植物和动物与其亲代既相似又不完全相同的实证报告。

这位教师经常在课堂上使用配对讨论的方法，所以学生都已经习惯了与同伴交谈的常规。课堂上桌子四张一组摆放，以便学生可以快速和两个不同的合作伙伴进行交流。教师为上课打印了两张照片（多组），一张照片是一棵橡树树苗和一棵橡树，另一张是一个男人和他的男婴。教师确保每一组合作伙伴的书桌上都有这两张照片，以及蓝色和红色的蜡笔或铅笔。

同学们，今天我们将要观察小宝宝和树苗是如何与其父母既相似又不相同的。为了做到这一点，我希望你们都看看宝宝和父亲的照片，思考一下他们哪里相像，他们有哪些共同的地方。比如说，他们都有两只手。现在，你不能再使用这个例子，因为我已经用过了。你可以再找找，宝宝和父亲之间还有什么其他相同之处呢？先仔细思考一下，现在还不是配对讨论的时间哦。

在给学生一段时间整理答案后，教师继续加以指导。

当我给出信号时，请转向你旁边的人，你的横向邻座伙伴，并解释你在宝宝和父亲的照片中看到的相像的地方。当同伴在说话时，请像我们平时练习过的那样，全身心投入地倾听。双方都表达完自己的想法之后，就宝宝和父亲的相似之处达成一个统一意见，用蓝笔在图上圈出。记住，你们不能同时都在说话。根据我的信号，我希望靠近房间前面的人先发言。之后，再请你的同伴解释他/她在图片上看到的相似之处。

教师在平板电脑上打响铃声，示意学生可以开始发言。教师在各组之间快速来回走动，同时聆听学生对图片的描述。他停下来帮助一位学生开启讨论——指着图上的眼睛，问这是什么，父亲和宝宝是否都有。当这组学生开始讨论父亲和宝宝的其他相似之处时，他就继续在组间走动。学生很快就解释了图上的相似之处，但是有些合作伙伴在就答案得出共识后忘记了在图上做标记，教师就提醒他们在讨论后将发现的相似之处圈出来。

所有的合作伙伴都在图上圈出了一些相似之处之后，教师再一次引起学生的注意力。他要求学生向合作伙伴解释父亲和宝宝不同的地方，并在照片上将那些部分用红笔圈出来。学生注意到腿部长度和皱纹等不同，以解释宝宝与父亲之间的差异。

当学生结束讨论后，教师就说：

> 现在你们已经辨别出宝宝和父亲是如何相似又不相同的，接下来让我们以同样的方式对一棵我们称为**树苗**的幼年橡树，以及一棵成熟的橡树开展讨论。这一次，我希望你们和前后的人，你的竖向邻座伙伴合作。我希望靠近我这一侧的人先发言。

然后，教师就像之前一样走动，聆听和适时介入，让配对讨论重新回到正轨。

配对讨论的小学反例

这位教师设置了与上一位教师相同的学习目标，并且也为课程准备了照片，但他却在指导过程中遇到了障碍。这位教师过去曾试着让学生与合作伙伴交流，但是并没有获得多少成效。 他没有为学生顺利开展互动建立合适的常规。在指导的时候，他只是说：

> 我想让你们和同伴谈谈，照片中的宝宝和父亲有哪些相同和不同的地方？

由于缺乏关于谁先发言及如何正确倾听的常规，大多数小组在教师让他们讨论的整个时间内都只有一名学生带头发言。常规是有效的配对讨论的关键。没有成熟的常规，小组合作通常难以有其原本可以达到的效果。

配对讨论的中学正例

这个例子来自七年级数学的教学过程，其学习目标是：知道圆周长的计算公式，并用它来解决问题（CCSS Math 7.G.4）。课程的重点是教学生圆周长的计算公式。教师将学生配对，指定A和B为合作伙伴。她这样开始上课：

> 绕圆一周的长度称为**圆周长**。每组的同学A，向合作伙伴B展示周长。每组同学B，如果你同意，请给同伴A竖起大拇指；如果你不同意，请告诉他你所认为的周长，然后通过请教附近的合作伙伴的意见，和你的同伴形成一个共识。

当学生这样做时，教师暂停并观看。她继续解释：

> 经过圆心的弦称为圆的**直径**。记住，我们已经谈到了直径，而圆的直径的长度是其半径的两倍。每组的同学B，向同伴A展示圆的直径在哪里。每组的同学A，如果你同意，请给同伴B竖起大拇指；如果你不同意，请向你的同伴展示你所认为的直径，然后通过请教附近的合作伙伴的意见，和你的同伴形成一个共识。

当学生这样做时，教师暂停并观看。然后她又继续解释：

> 圆周长的计算公式为 $C=\pi\times d$，其中 π 取值为3.14。每组同学A，说出你认为公式中 C 代表什么。（停顿）每组同学B，说出你认为公式中 d 代表什么。（停顿）

当学生与合作伙伴互动时，教师再一次倾听和观察。教师在剩下的课程中继续这个过程：提出一两句关键内容，然后要求学生向合作伙伴展示这些内容。

配对讨论的中学反例

这个反例中，教师设置了与上个教师相同的学习目标，并解释了相同的关键内容，但是她不认为学生可以负责地进行互动。所以，当她提出这些问题时，她希望学生能够在脑海中默默地回答，而不是回应合作伙伴。她的方法让学生没有机会分享想法，也剥夺了学生在学习期间听取其他学生想法的机会。

确定学生是否有效参与配对讨论

当学生与同伴讨论关键内容时，请四处走动并聆听。要注意学生思维的趋势。除了注意学生是否在和合作伙伴交流，还要评估其讨论的内容。学生需要使用学术语言来讨论他们对关键内容的思考和观点。如果没能接触所有的小组，请让错过的小组与全班分享答案。

关于了解学生是否有效参与配对讨论的建议包括以下四点：

◇听取与关键内容相关的特定学术语言。

◇不和小组进行交谈，倾听互动而不干涉。

◇如果要求他们在讨论过程中写作，请在学生身后静静观察。

◇要求在学生配对讨论时没有听到的小组学生与全班分享交流，以便你能听到他们的想法。

表 1.1 是学生配对讨论的熟练程度量规，你可以根据需要使用和调整，以确定学生在有效参与配对讨论的能力方面进步多大。

表 1.1 学生配对讨论的熟练程度量规

新手入门	基本掌握	预期达标
学生谈论关键内容	学生分享其对关键内容的看法	学生积极地从多个角度讨论关键内容，彼此倾听，互相补充对方的想法
学生听自己的合作伙伴谈论关键内容	学生聆听并回应自己的合作伙伴对关键内容的看法	

开展支架教学和拓展教学满足学生的需要

虽然计划周全，但配对讨论并不总是像你想要的一样有益。你可能需要通过这种方法的支架教学或拓展教学来满足一些学生的具体需要。

支架教学

关于支架教学的建议包括以下两点：

◇如果有学生在阅读时遇到困难，可以让学生互相朗读。

◇使用公告板，为可能不知道该说什么的学生列出提示。你还可以选择将图表的复印件贴到学生桌上，以方便他们查找。表 1.2 是一个可以使用或者调整的示例。

表 1.2 配对讨论要点

1. 重申你的合作伙伴所说的话
2. 为你的合作伙伴所说的内容添加要点
3. 尽量具体一些
4. 说明你为什么这么认为
5. 提出问题
6. 说明什么因素可能会使你的想法不正确

拓展教学

关于拓展教学的建议包括以下几点：

◇要求学生向合作伙伴解释其正在讨论的关键内容与整体单元之间的联系。

◇请学生提出有助于其他学生讨论关键内容的问题。

◇让学生解释与自己不同的观点。

教学方法 2　合理分组

合理分组是促进学生小组与学习内容及彼此互动的有意义行为。《大学与职业准备锚定标准》“听说”第 1 条规定，学生必须准备并有效参与和不同合作伙伴进行的一系列对话和合作，合理吸收他人的意见，并清楚而有说服力地表达自己的想法（Common Core State Standards Initiative, 2010）。与合作伙伴进行讨论和合作的能力是所有学生都需要学习的技能，这些技能能让学生为迎接大学和职业生涯的挑战做好准备。学生互动可以加强对学习内容的理解和掌握，因为它允许学生了解他人对内容的看法。小组讨论不仅允许学生听到其他学生的见解，而且还允许他们体验其他学生对自己见解的反应（Marzano, 2007）。

如何有效地进行合理分组

合理分组的有效实施使用了与本书简介中相同的一组步骤，这一组步骤在教学方法 1 的有效实施中得到了说明。在阅读时，请注意你将为了有效实施教学方法 2——合理分组而进行的调整和强化。

明确关键内容

该方法的目的是为学生积极加工关键内容提供机会，从而增加他们理解和记住所学内容的可能性。在直导教学过程中，将内容分解成较小的部分，并计划好定期暂停下来，让各小组在教学过程中可以积极加工内容。

请确保学习内容的分块都是“可咀嚼的”（chewable）。可咀嚼的分块应当包含足够的内容，使学生需要去努力克服困难、解决难题，并能从不同的角度讨论问题。但分块又不宜过大，太宽泛的分块会使学生在讨论中迷失方向或感到困惑。这个分块应足够大，值得学生与合作伙伴进行互动，但又不能太大，以至于他们在短时间内难以顾及分块内容的方方面面。

规划有意义的任务

在确定了要让学生学习的关键内容之后，请决定将如何引导他们加工新信息。理想情况下，随着课时不断推进，他们将有多个机会加工新内容。不要等到快要下课时才匆忙上阵，此时学生的工作记忆已经超载，或者他们感觉到马上就要下课了，就会想等到下节课再说吧。

加工新信息有许多选择，总结和详细阐述（summarizing and elaborating）只是其中两个最基本的加工任务。特别要考虑将提供的提示和期望从学生那里得到什么样的回应。这一方法的目的是帮助学生出声思考，对内容提出自己的看法，然后听取其他人观点，不断加深对内容的理解。帮助学生做到举一反三，推断出其认知和情绪反应（Marzano & Heflebower, 2012）。要鼓励学生持之以恒，努力践行。要安排学生在课堂上学会做总结、澄清和预测。当学生能够毫无困难和困惑立即开始作业时，为小组主动加工信息所安排的时间就得到了回报。只有当学生有时间思考自己正在学习的内容、有机会在课堂中提出问题时，才能如愿以偿得此回报。因此，你提供的提示至关重要。有效地安排学生合理分组具体有四个方面的要求：（1）总结和笔记；（2）非语言表征知识；（3）提问；（4）反思学习。围绕这四个方面，组织问题、提示和指导，创建有意义的任务，让学生在教学过程中积极思考。

构建有目的的互动

既然已经明确要让学生学习什么及希望他们在合理分组过程中讨论的主题或任务，那么，现在是计划如何让学生进行互动的时候了。此方法更适合于较不正式的对话，但不正式并不意味着不需要事先做出安排。计划学生如何互动以对教师的提示做出回应。要仔细安排好最基本的规则，例如谁先发言，如何进行依次轮换。在合理分组中构建学生互动的一种方式是对每个小组中的桌子进行一致的编号。当说出一个号码时，每组中该号码对应的学生成为发言者。图 2.1 展示了普通规模班级中座位编号的示例。

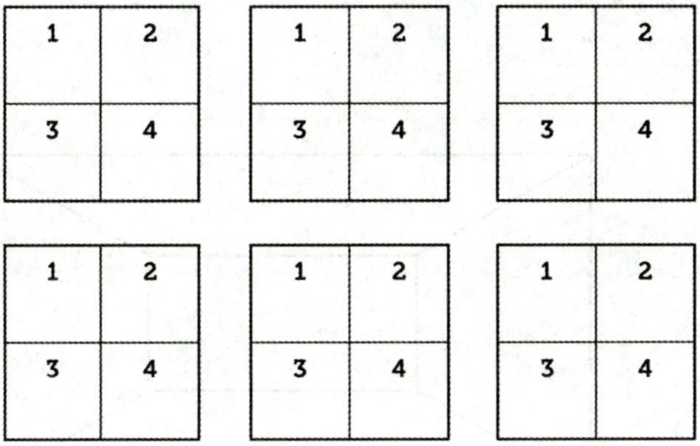

图 2.1　用于合理分组的座位编号示例

如果问题只有一个正确的答案，那么同组中的所有其他学生可以针对第一个同学的发言提出同意或不同意的意见并展开讨论。如果问题的答案是开放的，那么其他学生可以在原有答案的基础上进行补充或调整。教师可以采用循环讨论的方式，学生轮流与其左边（或右边）的伙伴展开讨论，然后对话就可以围绕着一个圆圈持续展开。在课堂上实施该方法之前，请先考虑各种规则的例外情况（各组学生数量不同，需要支持的学生）。

团队（或共享）白板也可以用作学生如何回应和互动的变式。这种方法要求学生就教师所提问题协同确定整个团队的回答。如果使用这种方法，请建立常规以确保不是一个学生唱独角戏。例如可以设置一个循环的计时器，每当计时器蜂鸣时，将白板和记号笔传给另一个学生。另一种变式是指定一个学生担任记录员。请谨慎地指定一名愿意听取其他人想法的学生。

其他变式包括：

◇制作合作海报：一组中的学生使用不同颜色的记号笔将他们的回答写在一张图纸上，以区分各自的回答（Fisher & Frey, 2014）。

◇每个学生为团队陈述贡献个人观点，然后整个团队综合这些多样的观点达成共识，形成一份总结性陈述。

◇如图 2.2 所示放置垫子，这有助于组织团队形成主张。垫子外边缘划定了四名学生每个人的写作空间，同时在垫子中间还有一块区域用于写入团队主张。

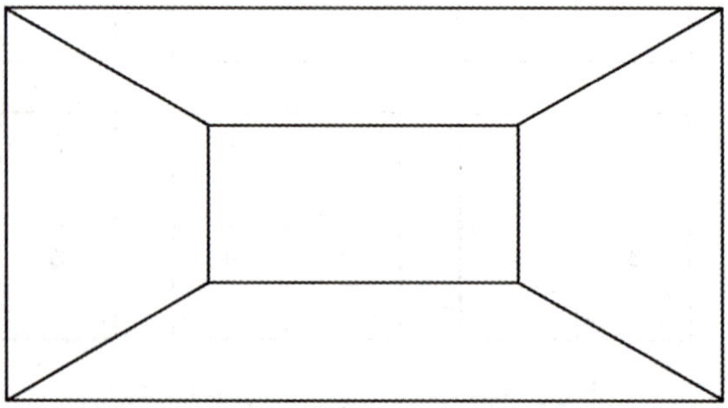

图 2.2 小组合作位置垫

安排学生分组

既然已经决定学生如何进行互动来加工内容，接下来请考虑如何安排学生分组。当学生已经有过机会共同合作时，长期团体合作的学习效果最好。考虑每个月或在课程新单元开始时重新分组。如果在小学阶段教学，请考虑为不同科目创建不同的小组，以便学生在每天的课堂中都能与不同的合作伙伴合作。两到五人一组的分组学习效果最好。请考虑学生的优点和缺点，以及他们可能与其他学生有关的个人经历。对学生进行分组的一个简单方法是在学年开始时将每个学生的姓名写在索引卡上，以便快速分组，还随时可以做出调整，而且不会遗漏任何一名学生。还有一个有效的方法是创建组列，以便可以快速查看每列中的学生数是否适当。使用索引卡将学生分“列”，还允许你在“列”的基础上再建立一“排”的“发言者”“创意思考者”，或者你想要在组间分享的其他学生优势的小类别。如果教中学或高中，索引卡可以快速向学生展示新的座位分配。可以将索引卡放在学生的书桌上，以便学生上课时能快速找到新座位。

建立互动常规

学生不会自动理解适用于小组合作的规则和程序，因此请尽早建立适用于合理分组的规则和程序。首次使用这一方法时，要向学生解释相关规则和程序。可以将规则张贴在教室的醒目位置，以便你和学生在实施此方法时参考。以下对学生的一些期望可以参考：

◇说出你自己的看法。

◇尊重别人的观点。

◇确保能理解。

◇乐于回应其他小组成员。

如果希望学生按照新的座位安排就座并组成小组，请思考该采取什么样的常规帮助他们尽快习惯新小组。如果可以的话，提前考虑课桌或桌子如何摆放，这样当学生来上课时，互动的安排都已经事先定妥。如果决定通过给课桌编号来确定小组成员的发言顺序与时机，请事先将数字贴在课桌上。

如果学生在整节课中不与团队成员坐在一起，请考虑如何能让学生快速移动到其他小组的常规。想想学生将如何移动到指定的区域，并确保所有小组在教室里都处在能看到并听到组中所有成员的位置。

教学和强化意动技能

无论在计划“完美”分组和常规上花费了多少时间，实施时都会遇到障碍。小组成员之间的讨论可能会变得激烈，或者在某些情况下，学生会退出讨论，拒绝参与。规避这些问题的最好办法是教会学生什么是负责任的互动。讨论和示范自信的沟通，使学生了解有效、负责任的互动正例和反例。请两位善于沟通的学生做示范，从言谈举止各方面展示有成效的学术对话是什么样的，同时教师给予积极的反馈和鼓励。如果可能的话，不要评头论足，以免影响将来学生做志愿者示范的积极性。

帮助学生理解同伴之间有不同意见这一行为不是对对方的否定。处理不同意见的方式可以产生积极或消极的经验。要耐心地对待学生，并计划重新定向、示范，并及时给出反馈。

常见错误

无论何时实施新方法，最初的尝试都可能会让人感到尴尬。学生可能不会立即有效地合作并积极地加工内容。在获得负责任的互动所需的技能之前，他们需要多次互动。 你还需要时间学习如何更有效地促进学生分组合作。开始协助学生合理分组的时候，请提前避开以下常见错误：

◇教师没有把主动加工信息聚焦在关键内容上。

◇教师要求学生重述内容，而不是理解内容。

◇教师不示范或促进有效的加工。

◇教师允许学生讨论关键内容以外的主题。

合理分组的正例和反例

在准备实施合理分组时，请考虑以下课堂正例和反例。在阅读这些内容时，请记住之前提到的常见错误。请注意正例中的教师如何避免这些错误，以及反例中的教师如何遭受挫折。

合理分组的小学正例

该课堂示例的学习目标是：根据地图分析和解释数据，描述地貌的特征（NGSS 4-ESS2-2）。四年级的这位教师知道为了达到这个目标，第一步是教学生如何在地图上识别地貌。为此，她收集了几种类型的地图，其中都包含了她将要教授的地貌：山脉、大陆架边界和火山。她指导学生在笔记本上创建一个三行两列的表格，并告诉他们左列标题为**地貌**，右列是**我如何知道**。教师频繁使用小组合作位置垫作为促进主动加工信息的一种方式。她为每个四人小组铺设了垫子，并提供白板记号笔和橡皮擦。

她首先在不同类型的地图上展示了山脉的几个例子，但没有告诉学生这些是什么。她提醒学生不要说出答案，即使他们认为自己知道老师正在展示什么地貌。在展示完所有的示例后，她继续讲道：

> 并不是所有的地图看起来都一样，你们需要能够在不同类型的地图上识别这种地貌，所以请确保能描述这种地貌的明确特征。现在大家已经看到了这种地貌的几个例子，我想让你们回答两个问题：这是什么地貌？如何加以区分？当你思考如何区分时，请将答案写在你自己面前的垫子属于你的部分上。在小组成员都写完答案后，我希望你们彼此分享答案，然后达成共识：将来在地图上如何识别此地貌？当大家意见一致了，在垫子中间写下如何在地图上识别山脉。

然后，教师四处走动，察看学生正在记录的内容，听取学生就如何识别地图上的山脉达成共识。当学生完成后，教师要求几个小组告诉全班他们写在垫子中央的内容。然后，教师要求学生在笔记本的表格中记录如何识别山脉。她要求学生擦去垫子上的内容，并遵循相同的程序来学习接下来的两种地貌：大陆架边界和火山。

合理分组的小学反例

这个反例中，教师提出了两个问题：这是什么地貌？你如何区分？ 然后，她让学生在笔记本上安静地写下答案，再告诉合作伙伴他们写了什么。教师不要求学生向同伴提供有关答案准确性的反馈意见，这也迫使教师需要更加努力工作，匆忙地检查所有人的答案，并重新指导初次回答不正确的学生。

合理分组的中学正例

年初在一堂中学社会课上，教师让学生四人一组坐在标好数字的桌边。她希望开始向学生教授学习目标：使用多个来源的主张和证据来构建论据，同时了解论据的优势和局限（C3 Framework for Social Studies State Standards D4.1.6–8）。为了做到这一点，她需要时间来明确地教她的学生如何陈述一个主张。她描述了什么是主张，并提出了正例和反例。然后她停下来并给出指导：

> 既然你们已经听我说过了什么是有效的主张，请用你自己的话来重述定义或描述。每组的 1 号学生，首先向同伴总结我说的话。然后，每个学生需要向总结中补充内容或提出问题，以帮助阐明什么是有效的主张。当你们全部完成任务后，4 号学生，请在你们的白板上写一个句子来证明你们完成了这一步骤。

教师给计时器设置了两分钟定时，并四处走动了解学生对她关于主张描述的总结。她在两分钟计时将要结束时阅读白板，指出学生描述有效地陈述主张的独特方式。教师现在已经清楚地知道哪些学生了解陈述主张的机制。掌握了这些信息，教师针对那些需要额外帮助的学生提供指导，而其他学生则开始独立地陈述主张。

合理分组的中学反例

这个例子中，教师专注于同样的内容，即陈述一个主张。她不是适时暂停来要求学生与同伴讨论课程的分块内容，而是为了节省时间而匆匆走过场，立即要求学生一起练习陈述一个主张。因为有些学生过去没有接触过这方面的内容，所以场面相当混乱，教师最终不得不重新讲解，浪费了不少时间。

确定学生是否能积极处理关键内容

聆听学生的对话，评估他们是否在积极处理关键内容。以下是监控学生互动的一些建议：

◇在教室内快速移动并聆听学生的互动。当你参与某个小组时，聆听学生对话的同时请扫视整个课堂以防其他学生分心。小组内的对话可能很丰富，有可能诱惑你加入漫长的讨论。请记住，你的任务是确保学生正在主动加工关键内容。如果学生在讨论中被误导，请将他们引向正轨继续讨论，尽快巡查他们是否围绕着重点，但请记住，你无法一直陪同某个小组。

◇俯身阅读学生写在垫子上的内容。请注意信息是否准确并重点聚焦关键内容。

◇让学生在墙上完成团体海报，以便你可以快速浏览并检查其准确性。

使用表 2.1 所示学生合理分组的熟练程度量规来帮助你衡量学生是否达到了预期。

表 2.1 学生合理分组的熟练程度量规

新手入门	基本掌握	预期达标
学生谈论内容	学生总结、阐述和反思准确的内容	学生积极参与讨论，总结、阐述和反思准确的内容
学生聆听自己的合作伙伴谈论内容	学生聆听和回应其他学生对内容的加工	学生聆听并为对方的发言补充内容
		学生可以解释由于他们与同伴互动并主动加工信息，他们对关键内容的理解发生了怎样的改变

开展支架教学和拓展教学满足学生的需要

并不是所有的学生小组都能够主动加工信息，小组中也会有一些在整体加工信息过程中感到困难的学生。同时也有在小组中能够快速加工关键内容的学生。通过监控要确定这两类学生。以下是为了满足学生需要的有关支架教学和拓展教学的建议。

支架教学

以下是为合理分组提供支架的建议：

◇给组中的每个学生提供特定数量的代币或回形针。学生每次说话的时候，把一个代币放在桌子的中间。这种做法允许学生准确地知道他们有几次机会为讨论做出贡献。当代币用完了，就要停一下让别人发言，直到大家都用完了代币再开始新的一轮。代币制能让学生知道他们为讨论做出了多大的贡献。这种方法可以帮助那些对团体贡献太多或太少的学生做出调整。一个更可视化的版本是使用彩色圆片，以便你能直观感受到哪些学生可能占主要地位，哪些学生在讨论中没有发声。

◇为不能快速合作并主动加工学习内容的学生或小组提供句子主干。以下是一个可供复制并留在需要帮助的学生桌面上的列表，以便他们更好地对内容进行总结、阐述和反思：

——我同意你的意思，但我想补充的内容是……

——我的想法略有不同。我认为……

——我原来以为答案是 ______。 你可以帮我吗？

——为什么你这么想？

——你能为我解释一下吗？

——让我想想我是否明白。你是在说……

——这是我们可以尝试的……

拓展教学

对于在小组中能够轻松主动加工信息的学生，可以通过以下选项之一或创建自己的拓展路径来提前做好计划：

◇要求学生识别个人观点的利弊。

◇请学生解释正在学习的关键内容与整个单元的关系。

◇根据问题的具体情况，要求学生在小组中第一个（或最后一个）分享，因为一般来说，先发言或者后发言通常会更加困难一些。

教学方法 3 配对练习

配对练习是指一名学生练习技能、策略或程序，另一名合作伙伴提供辅导反馈和建议的一种方法。配对练习中角色会频繁互换。这种方法的优点在于，学生在练习技能时，有机会看到和听到同伴的思维过程。配对练习还允许学生体验执行程序的不同方式。

“我做，我们做，做”是一种从扶到放的教学模式，其自然可以延伸为“我做，我们做，你们一起做，你再独自做”（Frey, Fisher, & Everlove, 2009）。将配对练习添加了“你们一起做”的步骤时，需要更多指导的学生就获得了额外的学习机会。此外，教师也获得了一个从容放手的时间窗口，并能更密切地观察课堂。这时候，教师可以更容易地识别哪些学生需要进一步的帮助。将配对练习的方法添加到从扶到放模式中，将使你能够更加及时地做出支架教学和 / 或拓展教学的决策。

如何有效地进行配对练习

配对练习使用与内容简介和前两种方法中所描述的相同步骤。配对练习的目标是提高学生在展示技能、策略或程序方面的能力。请在阅读每个步骤时牢记目标。

明确关键内容

实施配对练习，首先是确定学生将要配对练习哪些技能、策略或程序。将技能、策略或程序分解为特定的关键内容块，使学生可以与他们的搭档一起练习并掌握。

规划有意义的任务

其次是确定学生在配对练习中做什么。想一下要求学生与搭档一起练习程序性知识的哪些方面。经常互动的短期练习可能比期望学生练习冗长而复杂的程序更有效。如果程序有多个步骤，请让学生分别对每一步进行配对练习。这样他们将能聚焦每个步骤中的关键内容，并从搭档那里接收到具体的反馈。

构建有目的的互动

接下来，考虑学生在配对练习期间如何互动。如果两个学生不受监督，可能一个学生经常包揽所有工作，另一个学生只在一旁观察甚至完全游离在外。互动应按照以下顺序展开。 首先，一名学生操练技能、策略或过程，另一名学生则在一旁观察。然后，观察的学生给出反馈。合作伙伴要互相检查对方练习的准确性，并讨论个人活动的方法。学生会向合作伙伴提供反馈意见，告诉搭档他们准确完成了程序的哪些部分，以及需要改进哪些部分。如果学生不知道如何解决问题或者如何完成这个过程，他们还是应该尝试一下，听取反馈意见，并写下他们学到的内容。

首次实施配对练习时，引导学生防止其中一名学生垄断互动。这一方法的目的是让两名学生都得到练习，是两个大脑共同运作练习一项技能。

考虑哪名学生会先写及将给合作伙伴多长时间来解释他们的想法的相关配套。提前确定如何促成责任到人。学生个人小白板在这一策略中很有效，因为教师可以轻松地了解学生的想法，学生也可以随着思维的变化快速擦除和改变他们的回答。不是所有的练习都需要记录以便稍后复习，但是学生可能会发现记下每节关键内容练习的最后一个例子是有用的，这样他们在独立练习时可以有所参考。

配对练习的一个变式是“分享和比较”（Share and Compare），即在两人练习之后，学生加入一个邻近的小组成为一个四人组。学生将答案与其他小组的答案进行比较，并调整发现的差异。这种做法有助于确保准确性，并让学生可以听到多种观点。

安排学生分组

既然已经决定了学生将会练习的内容及怎样练习，请再为怎样组织学生配对做计划。配对应该是有目的并且有所流动的。完美的配对涉及许多因素。教师通常将知识面广的学生与需要努力的学生或守规则的学生与不怎么守规则的学生组合在一起。在学生分组时除了考虑学生的知识和行为，还要考虑例如工作伦理、领导技能和人际关系等因素。要利用学习的感性一面来增强合作伙伴群体。例如，考虑以下几点：

◇将一名合作时安静的学生与善于提问的学生配对，而不是同事事包揽的学生配对在一起。

◇将一位知识面广的学生与一位更有创意的学生配对。

◇如果两名学生在内容的不同方面长短互补，不妨将他们配对合作学习。

◇让需要引导和耐心指导的学生与天生的领导者配对。

◇彼此具有相似强项的学生配对在一起，可以方便他们互相补充，并以自由的方式拓展思维。

建立互动常规

除了计划学生练习什么、如何练习以及与谁一起练习，还要考虑学生顺利进行配对练习需要的常规。清晰的沟通需要明确指出对常规的期望，示范这些期望，以及向学生提供练习这些常规的机会。例如，具体说明你在发出信号后希望从学生那里得到什么样的行动反馈。要为学生示范这个行动，并要求学生多次练习，以便检查他们对该常规的理解。

以下是你可能想要实施的互动常规：

◇谁？在哪里？如何获得学习用品（如小白板和记号笔）？

◇在哪里与合作伙伴见面？

◇信号：

——开始说话。

——换人发言。

——停止说话。

◇如果有合作伙伴不在场，如何重组小组？

创建配对搭档组时，要更改座位安排计划，以便搭档能坐在彼此边上。如果更改座位难以实现，请确保上课地点有一条明确的通道，让配对合作时学生的位置移动能够轻松和快速。

教学和强化意动技能

配对练习对于一些学生来说在情感上可能是有点微妙的，因为他们被要求向搭档展示自己的学习活动和想法，而搭档会给出反馈。学生承担着一定的风险，特别是如果他们没有同伴反馈的经验。在常规教室里，很少有学生冒险出声思考。除非他们对自己的答案有信心，否则不肯回答问题。在这一方法中，你要求学生明确表达想法，然后在同伴面前出声思考。请计划将如何在学生承担这些风险时予以支持。坚韧（resiliency）是一个关键的意动技能，所以请在课堂中予以促成和支持。这里是你也许可以尝试的几种方法：

◇与学生建立联系。

◇找出较为沉默寡言的学生，并与他们就音乐、体育或大众文化等非威胁性话题进行非正式对话。

◇向所有学生交流和展示你对于他们学习能力的信任。

◇当学生面对挑战性问题不放弃的时候要予以支持。

◇给学生提示或设计指导性问题，而不是直接给学生答案。

◇建立小组常规，使所有的学生不仅期望参与，而且知道其贡献将受到重视。

促进学生另一个重要的意动技能——避免消极思考。帮助学生意识到消极的想法和情绪以及它们往往会出现的具体情境。一旦学生认识到他们的消极思想，下一步是帮助他们进行自我反思与重构，以克服这种消极思想。你可能会用如下陈述和问题来提示他们：

◇可能发生的最糟糕的事是什么？

◇发生的可能性有多大？

◇花几分钟时间把事情透彻想一想。

◇这是你的感觉还是你的想法？（Marzano, 2012）

常见错误

几种常见的方式可能使配对练习脱轨，减少学生从这种方法中的获益：

◇教师没有为学生提供机会在配对练习之前尝试单独练习。

◇教师让学生进行配对练习来检查答案，而不是讨论技能、策略或程序。

◇教师未能构建学生互动，为学生提供机会讨论他们个人对一个活动的解决方法。

◇教师要求学生练习的程序太过冗长，留下很少的互动时间。

配对练习的正例与反例

以下是两组正例和相应的反例（一组小学和一组中学），示例展示了如何在课堂中使用配对练习。阅读这些示例时，请注意先前提到的有效实现的组成部分和刚刚列出的常见错误。

配对练习的小学正例

在这个小学的例子中，教师准备在课堂上向学生演示学习目标：使用乘法和除法来解决应用题（CCSS.Math.3.OA.3）。三年级教师已经用了各种各样的方法来示范使用乘法和除法来解答应用题，并给予学生机会讨论她解题使用的不同方法。她还为学生提供了他们可能需要的教具。学生在数学课上有与其他科目不同的搭档，所以教师通常要求学生和他们的数学合作伙伴配对来开始练习环节。

> 同学们，现在是练习我们刚刚所学知识的时候了。我希望每组搭档先独立地解答同一个问题。每个人都解答了这个问题后，比较你们的答案。如果你们有不同的答案，请谈谈各自是如何解答问题的，然后一起决定是否有人犯了错误。如果你们得到了相同的答案，但是用了不同的解答方法，请彼此解释一下自己的解答思路。如果你们以同样的方式解决了这个问题，一起思考用别的办法来解决问题。

教师把这些步骤写在黑板上。

1. 独立解决问题。
2. 向你的搭档展示：

——不同的答案：寻找错误。

——同样的答案，不同的解决方法：解释各种方法。

——同样的答案，同样的解决方法：找到另一种解决方法。

> 我会在教室里四处走动，如果你们遇到了困难，我会提供帮助，或者和你们交流你们对解答应用题有多少信心。当你对解题有信心时，你可以回到你的课桌前独自解题。每组的合作伙伴 A，请来领取两份练习单复印件。合作伙伴 B，抓取你认为你和搭档解决这些问题可能需要的任何物品和其他支持。在你们得到所有材料之后，请回到你们的座位开始解答。

随着学生移动到他们的数学搭档的旁边，教师重新定向并确保能快速移动，且所有学生都立即开始工作。然后，教师聆听以确保学生正在练习用多种方式来解决问题。随着学生获得信心，教师逐渐让他们独立解题，有时候也会重新安排配对，让需要更多配对练习的学生和另一个合作伙伴合作。

配对练习的小学反例

在这个反面示例中，教师使用相同的练习单并且这样引导课程：

> 同学们，现在是练习我们刚刚所学知识的时候了。我想让你们与数学课搭档一起做一些题目，这样你们就可以自信地独立解决类似的问题。我希望大家都能先独立完成，并展示自己是如何得出答案的。当你们都完成全部问题时，请向彼此展示答案。如果你们得出了不同的答案，请一起决定谁的答案是正确的。合作伙伴 A，请领取两份练习单复印件。合作伙伴 B，抓取你认为你和搭档解决这些问题可能需要的任何物品或其他支持。在你们得到所有材料之后，请回到你们的座位开始解答。

然后，学生们默默地解决这些练习题，完成练习单后，他们会与他们的搭档分享，并确定谁是正确的。

缺少配对练习的分块最终导致学生在获得“这样是错误的”的反馈意见之前，已经多次练习了错误的解决问题的方式。这个反例中教师的做法也导致一些学生花过多时间练习，因为他们已经能够使用乘法和除法来解决问题。

配对练习的中学正例

学生在本课中练习的学习目标是：引入精确的知识型主张（CCSS ELA & Literacy, Writing Standards 6–12, Grades 11–12）。教师在学生的写作样本中注意到，虽然大多数学生已经具备了有信心地陈述主张的能力，但是整体上学生在发言的精确性和富有知识方面还需要多加练习。因此，她打算把上课时间花在这个单独的技能上。教师示范了一个精确的、富有知识的主张，并且让学生比较了主张的正例和反例。班上正在阅读沃尔特·惠特曼（Walt Whiteman）的《我自己的歌》（*Song of Myself*）。为了让学生练习提出自己的主张，教师提出了一个问题：你认同沃尔特·惠特曼吗？还是你发现自己试图抵制他把你拉到他的思维方式上？ 所有学生都有这首诗的复印件以供参考，且他们都成对坐下。

教师继续上课：

> 同学们，你们已经花了时间与搭档讨论你对此问题的答案，我希望你们能在白板上陈述自己的主张。记住，我们只是在练习写作主张。不要试图把整篇文章写在你的白板上。注意，今天的重点是使你的主张精确并且富有知识。

学生花了几分钟时间将他们的主张写在白板上。

> 现在我希望你们阅读彼此的主张。这样做的时候，我希望你们画出一些精确的词语，并且把作者（你的搭档）的这个主张中富有知识的部分圈出来。有些主张可以既被圈出又被加下画线，因为它们表明你搭档的主张既精确又富有知识。之后请轮流给你的搭档一些关于如何改进他们主张的建议。

当学生这样做时，教师四处走动，帮助学生找到精确而富有知识的部分，并提出改进的建议。

> 现在你们已经得到了一些反馈，我希望你们能修改自己的主张。更详细地、使用更精确的语言来提出主张。然后与合作伙伴分享你们的新主张。

在学生修改和分享的同时，教师再次四处观察并聆听，确保学生们正在讨论如何写出精确的、富有知识的主张。

> 现在你们已经对如何做到这一点有一点感觉了，接下来让我们再练习一次。这一次，我希望你们针对这个问题再写一个回答，并引用不同的理由，用不同的信息来支持它。如果你愿意，你可以改变你的观点，但是无论如何，你需要使用不同于之前使用的理由。

然后全班遵循与之前相同的过程进行反馈和修改。

配对练习的中学反例

这个反例中，教师简单地告诉学生以配对合作的方式来陈述主张，而不是要求学生首先独立尝试完成自己的主张，然后再与搭档分享。然后合作小组向整个班级展示了他们的主张，并且教师对每一组的主张都提出了评论，这导致上课的大部分时间都花费在教师的反馈上，而不是让学生练习并收到他们同伴的反馈意见。

确定学生是否能有效进行配对练习

在学生学习时，请检查其学习成果中预期结果的呈现，确定学生通过配对练习是否增强了学习，以及所有学生是否都因这一方法得到了成长和学习。

◇快速地在教室内移动，抓住每个地方的谈话片段。 如果学生正在准确地练习，请继续前进。这里的关键点在于学生正在练习和分享他们如何能够完成他们的程序。如果一对搭档正在有效地练习和分享，那就不需要进行干预。你说话反而占据了学生给予或聆听另一个学生关于如何实践技能、策略或程序的看法的机会。此外，你也拒绝了一个确定配对练习是否有效的机会。

◇定期要求学生举起小白板，以便你可以快速浏览他们所写内容的准确性。

◇让学生完成索引卡上的最后一个练习问题并上交，你可以快速将卡片分为三组：已经了解如何正确完成程序（即使有简单错误）的学生，有轻微误解的学生，还有那些需要大量干预帮助的学生。

你可以使用表 3.1 中的学生配对练习的熟练程度量规来帮助你了解学生是否达到了该方法的预期结果。

表 3.1　学生配对练习的熟练程度量规

新手入门	基本掌握	预期达标
学生尝试技能、策略或程序	学生解释他们正在练习的技能、策略或程序	学生积极互动，探索完成技能、策略或程序的不同的准确步骤
学生听其搭档讨论技能、策略或程序	学生观察和聆听他们的搭档解释完成技能、策略或程序的步骤	学生使用配对练习中讨论的多个程序成功地独立实践
学生在配对练习后尝试独立执行程序	学生使用配对练习中讨论的程序独立进行练习	

开展支架教学和拓展教学满足学生的需要

提前计划可能会为学生配对练习做出的调整。以下是支架教学和拓展教学的一些方法。

支架教学

◇为需要更多练习指导的学生提供图形组织者。

◇要求学生练习技能、策略或程序的具体方面，而不是整个过程。

◇提供已解答的问题，并要求学生解释解答方案的逻辑。

拓展教学

◇要求学生演示执行技能、策略或程序的多种方法。

◇给学生一个错误解答的问题，并要求他们解释解答逻辑中的错误并予以纠正。

◇要求学生创建一个“提示”页面，可以让其他学生在练习技能、策略或程序时使用。

教学方法 4　结构化分组

实施结构化分组时，你的关键任务是为学生提供结构和问责制来产生学习成果。当学生在深化知识时，结构化分组会有很好的效果，因为学生有更多的学习时间，并被要求应用正在学习的内容。个人问责和团体问责都是该方法突出的特色。相比处理新的内容，结构化分组对于拓展知识来说最有效，因为该方法预期产生学习成果。所以说，“富有成果的小组合作是学习和掌握内容的重要基石”（Fry, Fisher, & Everlove, 2009, p.14）。

如何有效地进行结构化分组

有效地实施结构化分组包括六种教师行为：（1）明确关键内容；（2）规划有意义的任务；（3）构建有目的的互动；（4）安排学生分组；（5）建立互动常规；（6）教学和强化意动技能。

明确关键内容

因为结构化分组在学生拓展知识而不是处理新内容时效果最好，所以请先决定要让学生深入探讨哪些关键内容。然后，计划一下让学生做些什么来拓展自己的知识。如果只是简单地想让学生讨论关键的内容，这可能不是最适用的方法。这一方法适合与其他精准教学策略的活动配合使用，如区分异同、言之有理等。

规划有意义的任务

请根据希望学生关注的关键内容类型，以及希望学生如何处理关键内容，来选择或创建一个任务，让学生与他们的团队一起完成。这个任务对于学生来说应该是有能力完成的，但又不是那么轻而易举。使用有意义的任务进行结构化分组的理由，是学生应该努力有创造性地完成这项任务。第一次与学生一起使用这一方法时，这些任务可以而且应该是非常结构化的。你可以提供问题，甚至提供组织者来帮助学生完成任务。当你和学生对结构化分组变得更加娴熟时，最终可以提供一个开放的、认知上复杂的问题，并要求学生共同探讨，分享真知灼见，提供详细答案。

这一方法可以与区分异同、言之有理等教学策略相结合。如前所述，当两个或更多的教学策略相结合时，它们就成了宏观策略。当你正在寻找有意义的任务让学生完成时，可以从其他学科寻找灵感。

有意义的任务示例：

◇学生在小组中比较已经学过的加法运算方法，并为何时使用何种方法更优创建一个指南。

◇学生在小组中分析一个篮球上篮的视频，讨论和商定视频中动作的优点和有待改进的地方。

◇学生在小组中根据他们收集的信息，合作修改如何在学校食堂节约用水的设想。

构建有目的的互动

作为一名小组成员，他可能会包揽全部事情，也可能不参与任何工作。为了所有的学生都能在小组合作中取得良好的学习效果，每个学生都需要承担相应的责任。效能型小组合作既需要个人问责，也离不开团体问责。例如，没有个人问责，虽然一项完成的任务可能展现了高水准的思考，但它并不能成为每个学生都参与了学习过程的证据。计划学生如何进行互动、完成任务时，要考虑组内所有学生将如何以自己独特的方式展示学习目标。要求所有学生写下对同一个问题的答案，有时会导致一个学生包揽任务而其他学生只是抄袭答案。应该重视聆听学生小组讨论的准确性，帮助学生小组加深对关键内容的理解，而不是热衷于检查学生是否在复制对方的答案。

无论什么任务，都要及时地让学生在与同伴分享之前独立思考。个人思考时间可以让学生自觉检查自己的想法，同时加强个人的责任感。一旦学生独立思考之后，就需要有时间分享和听取其他学生的观点。

提供小组结构，能确保所有学生都有机会听取他人的想法并提供反馈。其中一个方法是提供完成任务所需的职责列表。然后，学生可以决定谁担任什么样的职责，并且理解如何共同合作来展示关键内容。

有些教师会用更综合的角色来确保小组有效运作，不是仅仅列出特定任务的职责。这些角色包括：

◇**启动者**：提出指导性问题，并确保小组讨论聚焦于关键内容和任务完成。

◇**促进者**：通过鼓励沉默的学生发言和提醒活跃的学生让其他同学发言来确保学生平等地参与讨论。

◇**调节者**：承担计时员的职责，确保后勤如数据收集到位。

◇**说明者**：指出回答之间的联系，并对其他学生的回答做补充。

表 4.1 展示了一组帮助学生记住角色的列表。你可以复制并将它们分发给每个学生。活动完成后，再收集以重复使用。

表 4.1　结构化分组的学生角色

启动者
1. 提出问题以开始讨论
2. 确保讨论步入正轨
3. 确保所需完成的工作已经完成
促进者
1. 确保所有小组成员平等地参与讨论
2. 礼貌地帮助所有的学生轮流发言
3. 向没有轮到发言的学生提问
调节者
1. 掌控时间
2. 需要时收集用品
3. 需要时记录数据
说明者
1. 对其他学生的发言做补充
2. 指出答案之间的关联
3. 就答案之间的差异提问

结构化分组方法的变式包括：

◇观点分析（perspective analysis, Marzano, 1992），通过五个具体步骤让学生仔细审视自己的观点并做对比分析。

◇平行思考（parallel thinking, de Bono, 1999），学生通过发表不同的观点（戴着不同颜色的帽子）就一个话题来探讨多种观点。

◇文学圈（literature circles），其角色和问题与学生正在阅读的具体文本相一致。

安排学生分组

有几种方式为学生分配角色：（1）根据课堂上观察到的学生个性或气质来分配角色；（2）让学生选择自己期盼的角色；（3）让学生从袋子中抽取角色卡。请注意要采用多种确定角色的方式，避免千篇一律的分配。

如果决定指定角色，请先将学生大致分类，“对号入座”，然后将学生分组，以便每组中都有不同的角色代表。当学生习惯了小组合作之后，要给他们一个在选择小组成员时发声的机会。可以要求每个学生写出自己想要一起合作的三个同学的姓名，然后据此来分配组员，确保学生在合作小组中至少有一个心仪的人。这样做提供了与学生讨论合作技能的完美机会，例如，你可以指出为什么他们最好的朋友不一定是小组成员的最佳选择。请同学们集体讨论如何成为一个好组员，然后提醒他们在写下选择时在心里想一想这些特质。

建立互动常规

为要求学生担当的角色建立常规。首先向学生讲解这些角色，示范角色所涉及的细节，并要求学生总结。在向学生解释角色的职责之前，不妨以一个小组为例，先用该组学生的名字解释每个角色，然后留一点时间让其他组的学生确定自己组中的相应角色。在完成这样一些程序后，在开展任务前，请给学生时间总结一下团队成员各自担当的角色。

建立问责制并对学生如何履行角色的责任提供反馈意见的常规。留有空格以填写角色责任的角色卡可能对此过程有帮助。你还可以为活动的结束建立一项常规：学生需要向其他小组成员报告自己是如何承担角色责任的。

教学和强化意动技能

作为一个成年人，我们会在发现自己的想法与他人不同时，自然而然地而且不断地做出解释，不管这是令人高兴的还是具有挑战性的。同样的原则也适用于学生。当学生在结构化分组中合作，他们必须意识到自己可能会与其他小组成员有不同的看法。请帮助学生，让他们意识到，解释上的差异不是基于对错的严格分类，而是基于各位团体成员的想法、感受和信念。

从多个角度来看待情况或问题是理解他人和与他人互动至关重要的技能。不要指望学生一定知道如何贯彻这项意动技能。教师要加以示范、提醒，并且经常讨论把握该技能的关键。每次要求学生进行互动时，都要将分享观点所需要的相关技能先亮出来，直到学生已经能够熟练阐述自己的观点，并且分析他人的观点。

常见错误

与学生一起实施结构化分组时，毫无疑问，你会遇到一些障碍。以下是一些常见的错误，要注意并提前计划，努力加以避免：

◇在完成任务时，教师没有要求学生提出认知复杂的想法。

◇教师没有为学生互动提供适当的结构，他们的互动难以达到团队责任的目标，也无法对复杂的任务进行分解和解决。

◇教师没有建立个人问责制，所以没有证据可以显示每个学生对学习成果的思考和完成有什么贡献。

◇教师未能通过常规、示范和反馈来促进负责任的互动和观点分享。

结构化分组的正例和反例

以下是两组正例和反例（一组小学和一组中学），显示了教师如何实施结构化分组这一方法。在阅读这些示例时，请想象一下在课堂上运用这种方法可能会出现什么情况。请注意，这里有个例子关系到责任划分，另一个则关系到角色分配。这两个例子中，所有学生都需要展示学习目标。

结构化分组的小学正例

本节课的学习目标是：比较和对比不同故事的叙述视角，包括第一人称和第三人称叙述之间的区别（CCSS Reading for Literacy K–5, 4th grade）。为了帮助学生掌握这项技能，教师使用学生已经阅读过的两个不同叙述视角的故事。该课程使用一项常规，即学生课桌上有四个不同的符号——四人一组的每张桌子上分别是月亮、太阳、星星和云。

教师在白板上写下了以下责任：

◇月亮和星星：找出这两个故事叙述的相同之处。

◇太阳和云：找出这两个故事叙述的不同之处。

> 同学们，今天每组同学都要来看看这两个故事的视角有何异同。为了做到这一点，每个人在活动中都将有自己的责任。责任已经在白板上列出。请注意，你与组中的某位同学有相同的责任。我希望你们每个人都能在故事中找到自己的证据。请先独立开始工作。我会给你们十分钟的时间，请找到尽可能多的证据。请使用你的便利贴来标记这些要点，并在便利贴上写出标注的叙述是如何相同或者不同的，以便后续你不会忘记它们。

然后，教师设置了一个计时器，四处走动观察学生正在便利贴上写的内容。

教师适时停下来协助或帮助某位学生寻找证据。当计时器提示时间到时，教师说：

> 现在你们都已经找到了一些证据，我希望你们轮流在组内展示这些证据。请按照白板上所写的顺序进行：月亮，星星，太阳，云。在前两名学生分享了他们的证据后，请你们作为一个小组，讨论并就关于叙述相同点的证据达成共识。小组中的每个人都需要在自己的纸上写下这些证据。然后，在小组的另两名学生分享他们的证据之后，做同样的事情。

当学生在进行这项活动时，教师四处走动着阅读并聆听，确保学生在就解释故事的叙述视角有何异同的恰当证据达成共识时，能分享自己的证据，并负责任地进行沟通。

结构化分组的小学反例

在这个反例中，教师希望学生与小组完成与上述例子相同的活动，但却没有分配责任。有些小组能很好地一起开展合作，并在发现证据时进行讨论，但也有一些学生只是单干，根本没有与同伴互动。如果不提前给学生分配责任肯定会导致浪费时间，以及许多学生心不在焉，游离在活动之外。

结构化分组的中学正例

示例中这节世界历史课的学习目标是：分析在不同历史时期影响人的观点的复杂而交叉影响的因素（C3 Framework for Social Studies State Standards D2.His.4.9–12）。这个示例之前的课程集中在第一次世界大战和第二次世界大战的各个方面，包括当时的经济和社会状况。为了让学生展示这一学习目标，教师提供给学生两份分别写于两次战争中的社论，并在课上加以朗读。她还给学生时间来对社论做出评论，记录在这些时期影响人们观点的各种因素的证据。学生已经使用过并熟悉角色卡：启动者、促进者、调节者和说明者。为了开始这个活动，教师将角色卡倒置在四张桌子上，并说明如下：

> 在小组活动中，请同学们分析这些社论在写作时如何受到当时经济和社会条件的影响。为了做到这一点，我希望大家在桌子上抽取一张卡片，以确定自己在讨论过程中要履行的角色。抽取卡片后请告知小组成员你的责任，这样每个人在讨论中都能明确各自的责任。然后花几分钟来准备角色。小组中每个人都准备好了，就可以开始讨论了。请确保你引用了社论中的证据，并使用了你学过的当时状况的信息。我希望看到每个人都回过头去看看笔记，并利用教科书中的内容来支持讨论。

教师聆听学生的讨论，提醒学生角色的责任，帮助学生分析有影响力的因素，并提示他们记录讨论到的证据。热烈讨论后，教师引导所有学生通过引用小组讨论过的社论中的证据，回答笔记本中的提示。

结构化分组的中学反例

这一反例和上面正例有着相同的学习目标。教师提供了相同的社论、目标和角色。但是，在学生开展讨论时，教师在一段时间内只顾着与某个小组一起讨论证据。其他小组因此很快意识到，他们不用很负责地参加讨论了。所以许多学生开始默默完成任务，或者大家在东拉西扯地聊天。

确定结构化分组是否能强化学生的学习

为了确定结构化分组是否能强化学生的学习，教师不仅需要注意察看小组中的某个学生是否积极参与了讨论，还要实时监控学生，评估他们在团体中提高和学习的程度。要经常巡回查看各组的学习情况，以便了解到不同学生的发言。教师还可以设置一个系统，记录学生在小组中的表现。这样可以有意确保学生小组活动时能产生预期结果，并能及时发现小组可能偏离的做法或者无效的活动。以下是在结构化分组中监控学生的一些方法：

◇聆听小组互动，确保学生承担责任并履行分配到的角色。

◇请调节者总结任务进度，认真聆听以确保所有学生参与。

◇查看任务，并根据不同部分向学生提问。

◇要求学生用姓氏首字母标注出自己的贡献，教师要认真加以核实。

表 4.2 是学生结构化分组的熟练程度量规。教师可以直接使用或加以调整，用以确定学生在结构化分组中的活动效果。

表 4.2　学生结构化分组的熟练程度量规

新手入门	基本掌握	预期达标
学生表现自己的角色或履行自己的职责	学生积极参与完成任务	学生负责任地、平等地互动以完成任务
学生允许队友表现他们的角色或履行职责	学生聆听他人的发言并积极讨论对关键内容的理解	学生能说明自己的理解及其和队友理解的异同之处 学生可以解释自己和队友各自的贡献

开展支架教学和拓展教学满足学生的需要

当你能够熟练地在课堂上开展结构化分组时，通常就可以识别哪些学生需要更多支持，哪些学生可以进入下一阶段的学习。使用以下支架教学和拓展教学的方法可以更好地满足所有学生的需要。

支架教学

面对更为复杂的认知任务时，有时部分学生会被障碍卡住，有时整个团体都会感到一筹莫展。如果全组都无能为力，这里有三个快速支架模式可以让学生和小组走出困境：

◇一人外出，三人留守（one stray, three stay）：一个学生“外出”开展侦察，看看其他小组在想什么。应该速去速回，然后迅速在小组内展开工作。

◇两人外出，一人留守（two stray, one stay）：如果有一个小组真的陷入困境，或者你知道该组中的多个学生都可以从外部观点中受益，这种方法可能会更有帮助。

◇付出一个，得到一个（give one, get one）：如果全班各组都遇到了麻烦，这种方法会有帮助。即所有学生都会在小组外面找到一个伙伴，给出一个线索，得到一个线索，然后再次回到各自小组，分享所学的东西。

拓展教学

以下是结构化分组拓展教学的一些方法：

◇在一组中让进步较快的学生担任更难的角色。

◇要求学生分享和辩护多种观点或与自己不同的观点。

◇要求学生根据在结构化小组中听到的不同看法做出概括。

教学方法 5　合作项目

这种方法和结构化分组有两个区别。结构化分组最适用于在教学单元进行期间深化学生知识的短期项目；合作项目的持续时间则更长，且通常在学习进程结束时让学生有机会应用知识。

合作项目应包括结构化的积极互赖和责任到人。如果这一方法没有精心设计和监控，长期项目的小组学习可能会变成学生挫折感的来源。学生需要知道他们将提交的最终学习成果有怎样的个人期望。该方法将项目分成学生合作完成部分和学生单独完成部分。例如，学生可以共同收集、分享和组织信息，但是还要单独完成项目学习中的其他部分的任务。这种有分工有合作的做法使学生在学习时能听到不同的观点,同时也能展示学习过程中独立负责的内容。

如何有效地完成合作项目

与本书中的其他方法一样，合作项目的规划需要考虑多个方面。当你阅读以下每个部分时，请考虑如何在自己的课堂中实施合作项目。

明确关键内容

第一步是明确关键内容。因为合作项目需要时间，所以请确保关键内容在认知上是复杂的。如果学生花费太多时间在认知简单的重要内容上，你也许难以实现精准教学。当要求学生参与需要高阶思维的项目时，他们更有可能在互动中取得成功。需要复杂思维的开放性问题能使学生分享观点并开展辩论。如果项目提出了只有一个正确答案的问题，更有可能出现学生抄袭同伴或者分解任务负担的情况，因为没有真正的理由需要他们讨论和检验彼此的想法。

规划有意义的任务

要创建一个任务，要求学生想要或需要协同努力。要给学生一个坚实的理由开展小组合作，否则他们会选择单干。学生必须明白并坚信，在团队成员的帮助下，他们会更有效率并更出色地完成任务。同时，如果学生知道他们负责展示自己的学习，那么就无法依靠同伴来坐享成果。

要将个体责任和小组责任纳入合作项目，可以参考以下建议：

◇个人解释（individual explanation），即学生合作创造学习成果，然后每个人独立解释。

◇先分后合（component parts），即整个任务被分成几个小节或部分，每个部分都指向学习目标，并且合成最后的学习成果。

◇分解任务（separate tasks），在小组学习中个人承担独立的任务，据此评价其表现。

◇个人表现（individual performance），即小组中每个学生都完成整个任务，然后在讨论时分别讲解或呈现给小组。

◇个人成果（individual products），即完成相同类型任务的学生可以进行合作，但所有学生都创建自己的学习成果。

如果选择上述建议中的最后一个——创建小组合作下的个人成果，请考虑如何做到灵活分组。在这个过程中，学生彼此合作完成一部分工作，并单独工作或与其他不同组进行协作完成另一部分。这种做法对学生是有益的，因为学生获得了向同伴学习并反馈想法的合作机会，但同时他们又要承担个体责任。长期项目的任何一个部分都可以成为一个协作学习的机会。以下列出了长期项目中学生合作的方式：

◇开展头脑风暴提出设想。

◇收集和分享信息。

◇讨论组织信息的不同办法。

◇讨论他们认为能够支持结论的各种主张分别有什么优势。

◇形成结论。

如果学生正在协同完成合作项目的一个重要部分，请考虑如何在参与项目时做到责任到人。第一个做法是要求学生定期写反思日志，在日志中列出为达成集体目标要做的事情。在整个过程中教师或同伴应对此加以查验，提供反馈。第二个做法是准备一张小组反思表，学生在表中反映群体的动态和进度，以便教师可以帮助调解争端。

构建有目的的互动

提前计划学生在合作项目中将如何进行互动。小组互动必须是一次思想的交流，而不仅仅是一次给学生分配项目任务的机会。对话应以学习目标中的核心知识和技能为中心，帮助学生分析所思所想。请为这些对话提供指导，因为学生可能不习惯与同龄人交流学习上的想法。要注意讨论合作与作弊之间的差异。许多学生不确定他们应该如何区分二者，因为他们几乎没有机会合作。

将项目切分为可管理的部分。为学生何时、和谁及如何互动制订计划。在整个项目实施过程中，要为互动设置时间表，并具体说明对这些互动的预期结果。要遵守事先确定的时间表，必要时可以灵活调整。第一次说明合作项目时，请为以下过程留出时间：

◇关于展示学习目标的可能方法进行头脑风暴。

◇确定每个小组成员的个体责任。

◇如果任务在课堂上没有完成，就小组会面时间达成共识。

让学生创建一个责任清单，包括各自承担的责任和共同承担的责任。让学生在团队中达成共识，确定谁将确保每项共同的责任都能完成。帮助学生确定每项职责的最后期限。这将有助于教师和学生都了解整个项目是否正常开展。

安排学生分组

在项目进行期间，如果要安排灵活的分组以便学生互动，可以让学生根据特定需求选择自己的小组。学生做出选择时，请给予具体指导和建议，以便他们了解如何以及为什么要选择一个特定的小组。例如：学生可能会与具有相同想法的其他学生加入同一个小组，并开展头脑风暴以寻找资源来支持主张；学生可能会与使用相同媒体的其他学生组成小组，比如写一篇论文或通过 PowerPoint 来展示主张。不过，如果你允许学生自己选择小组却没有给予任何选择标准，他们通常会选择朋友。你可以提供各种主题选项，然后让学生投票做出选择。

如果学生要展示项目，考虑将班级分成较小的小组进行演示。让每个学生在小组内进行演示，教师可以四处巡视了解情况。如果演示文稿是电子版的，请多借用一台投影机，并将班级分成两组或多组听众，以便学生可以同时进行演示。除非你正在评估演讲标准，否则你不必完全参与每个演示，只需确保存有文档以便稍后评估学生的学习成果。

如果你决定进行全班范围的分享，请要求学生在他人演示时积极参与。学生不仅要做笔记，而且要用书面形式回应所听到的内容，从而运用高阶思维能力。然后让学生将其回应与其他学生的回应进行比较，或者要求他们综合信息以得出结论。

建立互动常规

没有例行常规的项目可能会脱轨，合作项目也不例外。如果要求学生在小组中长时间完成一项任务，提供时间表和核查点是特别关键的。请不要犹豫，告诉学生教学正在不断推进，他们需要赶上进度。有些学生会完全用光所给的时间，通常他们的做法并不明智，所以你需要设定一个时间限制，并持之以恒。这并不意味着时间到了所有工作就要停下来了，而是说教师要做出解释并希望学生在后续的项目部分中加快进度或者回家后努力赶上。

如果学生独立完成项目中的大部分内容，你可以要求他们就具体原因相互交流。在重新开始独立学习前，不要担心短时间（五到十分钟）的合作分享会限制学生。有时设定时间限制可能意味着没有明智地使用时间的学生错过了合作的机会。这样做自然可以帮助他们在将来避免出现这种错误。

教学和强化意动技能

学生长时间在一起学习时，难免会引起争议和冲突。由于争议和冲突有不同的原因，所以，教师应该在课堂上用不同方式进行处理。

争议发生在两个想法不一致的人产生分歧时（Marzano, 2012）。这在学生互相交流讨论想法的课堂上经常发生。难题不在于出现分歧，而在于学生如何处理分歧。你的职责是帮助学生进行有效的互动，让他们相互学习。争议可以是有益的，因为争议通常导向更好的想法和更深入的思考。因此，请直接指导学生在出现争议时如何进行处理。

为学生制定协议，促使他们分享观点和推理，听取合作伙伴的观点和推理，然后达成一致的观点。

一个可行的协议可以是：

1. 学生 A 分享观点和推理，必要时引用证据。
2. 学生 B 总结听到的内容，并在必要时要求对方阐明。
3. 学生 B 分享观点和推理，必要时引用证据。
4. 学生 A 总结听到的内容，并在必要时要求对方阐明。
5. 学生集体讨论其他可能的观点。
6. 学生一起协商达成一致，并为共识提供证据。

在较低年级，协议可以这样写：

1. 学生 A：你觉得怎么样？为什么？
2. 学生 B：学生 A 说了什么？
3. 学生 B：你觉得怎么样？为什么？
4. 学生 A：学生 B 说了什么？
5. 两位学生：还有什么其他可能有帮助的想法？

6. 两位学生：你们都同意哪些？

冲突发生在一个人阻挡了另一个人的目标时（Marzano, 2012）。冲突不同于争议，因为它通常不具有积极效能，它不会产生更好的想法。它经常会干扰学习。当学生互相交流时，可能会产生冲突。两名学生可能想同时使用相同的资源；一个学生可能会觉得另一个学生发言太多或者不够努力；合作伙伴可能无法就项目达成一致想法。在支持学生处理冲突时，你需要帮助学生将注意力集中于问题本身而不是与之有冲突的个人。解决冲突的最有效办法是通过谈判解决问题。以下是根据约翰逊兄弟（Johnson D. W. & Johnson R. T., 2005）和马扎诺（Marzano, 2012）的建议改编的协议：

1. 说明目标：学生说出自己的要求。
2. 说明感受：学生说明他们对情境的感受。
3. 说明要求和感受的原因：学生解释为什么他们会有这样的感受。
4. 反向观点：学生讲述别人的观点。
5. 提出潜在的共识：学生确定各种可能的共识。
6. 拍板：学生选定其中一项共识。

常见错误

有几种实施合作项目的方法可能会出错。请考虑以下常见错误，并提前计划予以避免：

◇教师没有分配要求学生分享想法和观点的任务。

◇教师让学生分解项目，然后个人单干。

◇在整个项目中，教师没有经常检查。

◇教师不能确保学生的互动有意义地聚焦在项目学习本身。

◇教师没有要求责任到人。

◇期望学生在没有教师干预和支持的情况下自己处理争议和冲突。

合作项目的正例和反例

以下正例和反例可以帮助你更好地了解如何在课堂中实施此方法。虽然这些例子可能与你所教授的年级或科目并不相同，但是你可以找到它们之间的共同点，这样就可以开始构思如何与学生一起来实现项目合作。

合作项目的小学正例

学生将展示的该合作项目的学习目标是：在北美地图上，确定最早的 13 个殖民地，并描述气候、农业种类、人口和劳动力来源的区域差异如何塑造了整个 18 世纪的经济（Massachusetts History and Social Science Curriculum Framework 5th grade 5.10）。学生已经确定了 13 个殖民地和 3 个区域。教师提供了多种资源供学生使用，并向他们提供了图形组织者，以便学生可以在收集信息时记录想法。

> 接下来几天的社会课，我们将致力于项目学习。你们每天都要完成一节内容。三人小组中的每个学生将为其殖民地区域确定以下内容：气候，农业种类，人口，劳动力来源和经济。今天，我希望你们决定团队中哪一位同学来研究哪一个地区。我也希望你们明确所负责地区的气候和人口。这项任务需要大量的时间，所以请不要分心去查找你负责区域的其他信息。

然后，教师重点介绍了一些可用的资源，并确保所有学生都有图形组织者。当学生开始规划如何完成任务并研究自己所负责的地区时，教师就哪里可以找到关于气候和人口的信息促进讨论。在课堂结束之前，教师要求学生向小组成员报告调查结果，并记录小组成员收集的信息。

第二天，教师继续进行这个项目，要求学生对农业类型和劳动力来源进行研究。在第三课时，学生研究和分享各自负责地区的经济情况，教师就其中一些因素可能如何对每个区域的经济产生影响主持了课堂讨论。

在第四节课开始的时候，教师回顾了各种因素：气候、农业类型、人口、劳动力来源和经济。然后指导学生与小组讨论并记录每个人对这些因素影响 3 个地区经济的看法。

在第五节课，教师要求学生单独使用图形组织者记录影响每个地区经济的因素。每个学生都能找出这些因素及其对地图上 3 个地区的经济影响。

合作项目的小学反例

在这个反例的课堂上，学生使用图形组织者记下教师解释的每一个因素。然后学生每三人一组得到一张地图，教师要求他们找出这些因素及其分别对 3 个地区经济的影响。由于学生没有单独的责任或任务，教师不能确定哪些学生已经能够展示学习目标。

合作项目的中学正例

在这个例子中，高中生命科学教师为学生创建了一个项目，让大家一起完成以下的学习目标：设计、评估和改善一个解决方案，以减少人类活动对环境和生物多样性的影响（NGSS High School Life Science HS-LS2-7）。这个项目聚焦于假设一座大坝对生态的影响。为了帮助学生理解大坝的影响，教师将假设的大坝添加到学生使用的该区域地形图上。这个合作项目有五个步骤：

1. 小组合作：确定大坝对该区域环境和生物多样性的潜在影响。

2. 小组合作：通过开展头脑风暴，提出解决方案的基本特征，以减少大坝对该区域环境和生物多样性的影响。

3. 个体学习：设计自己的解决方案来减少影响。

4. 小组合作：根据之前确定的特征评估彼此的设计。

5. 个体学习：基于同伴的反馈完善自己的方案。

学生过去经常一起合作，所以教师没花太多时间在有关如何有效与他人互动的常规上。然而，她确实为这个项目的五个步骤设置了具体的时间限制，并要求学生提供在指定时间内完成步骤的证明。当学生在小组合作时，教师就多加巡视，帮助学生将注意力集中在话题上，并有效地处理出现的任何冲突或争议。教师指导那些六神无主的小组，让他们摆脱困境，并将他们引向可用的特定资源。学生上交原来的和修改过的设计作为能够展示学习目标的证明。

合作项目的中学反例

在这个反例中，课堂教学专注于同一个学习目标：设计、评估和改善一个解决方案，以减少人类活动对环境和生物多样性的影响（NGSS High School Life Science HS-LS2-7）。教师担心这些小组无法确定潜在影响或可能的解决方案的正确特征，因此，她没有帮助小组开展学习，而是加入每个小组去领导这两个主题的讨论。学生很快意识到，如果把教师所说的记下来，就一定是正确的，所以学生之间几乎没有开展讨论。在这个反例中，大部分时间都是教师在讲话。

确定学生是否合作完成项目

要知道学生是否在合作完成项目，唯一的方法就是在项目的各个步骤中呈现其证据。如果等到学生已经上交了最终项目，这就太晚了，那时你已经无法进行干预和重新定向。以下是教师监控学生合作完成项目的一些方法：

◇要求学生在卡片上描述各自对小组合作的贡献，并收集卡片以验证准确性。

◇查看责任检查表，以确保所有学生都有贡献。

◇聆听小组互动来检查学生是否在分享各自的观点。

◇查看每个学生的部分项目内容，以确定他们是否专注于关键内容。

◇要求学生给同伴为小组做出的贡献打分，从 1 分到 5 分，并为打分提供理由。收集和评估评分，以找出需要额外的支持才能做出同样贡献的学生。

表 5.1 是学生合作项目的熟练程度量规，如果需要的话，你可以直接使用，也可以调整后使用，以确定在长期的团队项目中学生是如何发展其合作能力的。

表 5.1　学生合作项目的熟练程度量规

新手入门	基本掌握	预期达标
学生谈论内容	学生积极参与	学生负责任地、平等地进行互动
学生听其他学生谈论内容	学生倾听他人的想法，并讨论自己对关键内容的理解	学生表现出对关键内容的掌握
学生知道小组对项目的责任	学生知道个人和小组对这个项目的责任	学生可以解释自己的理解和同伴的理解之异同
		学生可以解释他们和同伴如何为这个项目做出贡献

开展支架教学和拓展教学满足学生的需要

在实施合作项目这一方法时需要考虑很多方面，但只有你知道你的学生的需求。请有意识地计划你将如何通过支架教学或拓展教学来满足所有学生的需要。

支架教学

提前考虑一下你将如何支持那些可能在合作项目中有困难的学生，确定你认为他们的具体问题会是什么，并根据需要适当做出调整。

◇建立工作卡片描述学生在小组中的职责。

◇提供个人责任和共同责任的详细时间表。

◇准备一系列可能激发讨论的问题。

拓展教学

有些学生会比其他人更有准备参与团体互动和承担个人责任。如果学生已经领先了，我们仍然需要提高对他们的期望。

◇要求学生通过头脑风暴，提出一份责任清单和完成任务的时间表。

◇让学生决定何时、如何与同伴一起工作以及何时独立学习。

◇要求学生描述自己的优势是如何发挥作用的，以及下次如何能更有效地发挥作用。

教学方法 6　同伴互评小组

教师可以定期建立正式的同伴互评小组，让学生分享他们进展中的初步收获，或者获得同伴反馈和指导建议，保持优势并消除可能存在的弱点（Marzano & Brown, 2009）。需要独立完成的项目和其他复杂任务可以通过同伴互评小组从组内互动中受益。在学习中的内容范围内及时提出具体的反馈意见，这能帮助学生厘清学习目标，从而产生更高质量的学习成果。及时的同伴反馈也有助于观点分享，让学生有机会听取其他学生的观点，从而帮助他们加深对关键内容的理解。

同伴互评小组可以是为学生提供反馈的有效来源。从某个角度来说，给予反馈的人和接收的人都能获益。在阅读有关如何实施同伴互评小组之前，请注意其益处和潜在的障碍，以便为建立最有效的分组做计划。

益处：

◇可以鼓励学生分析作业。

◇可以帮助学生厘清评估标准。

◇可以给学生提供更广泛的反馈。

◇贴近可能的职业生涯情境。

潜在的障碍：

◇学生可能缺乏提供准确反馈的能力。

◇学生可能不会认真对待反馈。

◇学生可能会感觉受到歧视或误解。

◇学生可能会误传误导。

提供一定的架构和具体指导可以减轻或克服潜在的障碍。

如何有效实施同伴互评小组

有效实施同伴互评小组与其他方法中使用的步骤是相同的。在阅读时，请注意如何在自己的课堂中应用此方法。

明确关键内容

确定一个特定的任务，在任务中要求学生展示其对复杂思维的理解和沟通。如果学习结果仅需要一个是/否或对/错的答复，学生就不需要详细的同伴反馈。在这种情况下，没有可供学生分享的多种观点。同伴互评小组用于长期项目和其他认知较为复杂的任务，能产生良好的效果，在这一过程中学生通过提出和支撑主张来检验推理或区分关键内容各方面的异同。

规划有意义的任务

同伴反馈需要在分配的活动时间内进行。请让学生在上交作业之前提前知道，你希望他们征求同伴的意见并相应地修改作业。要尽可能地实现同伴互评小组的益处，确保这些小组专注于与学习目标密切相关的学习结果。在缺乏指导的情况下，学生将经常提供类似于在先前年级或课堂上接受的反馈类型。例如，他们会纠正拼写错误，指出语法问题。然而，除非拼写和语法是学习目标的一部分，否则就不应该成为同伴互评小组中反馈的重点。为了反馈将学生配对时，请提出具体要回答的问题。学生不应该做出价值判断。有效的反馈需要回答以下三个问题：

◇后馈（feed up）：我在哪里？ 向学生反馈其已经如何良好地展示了学习目标。

◇反馈（feedback）：我将怎么继续？向学生反馈他正在使用的过程。

◇前馈（feed forward）：下一步我将去哪里？向学生提供发展性建议。（改编自 Hattie, 2008）

为学生提出具体问题时，请牢记这些反馈的类型。学生可以识别优势，说明他们是否能够找到寻找的信息，或者确定他们是否符合学习目标。学生也可以通过说明其理解或可能混淆的内容，从而对反馈做出反应。请注意，学生反馈不应取代教师对学生学习的监控和评估。

这里有一些用于同伴互评小组的语句主干：

后馈：

◇我强调了学习目标的这一部分，因为……

◇当你……时，你演示了学习目标。

反馈：

◇当你______是有效的，因为……

◇我希望你……，因为……

◇我不知道你为什么……

◇你反馈的一个有趣的部分是______，因为……

前馈：

◇如果你还想进步，你可以在……努力。

◇可以改进的领域是______，因为……

首次和学生实施此方法时，请使用一个学习成果的示例并向学生示范应当如何回答问题并提供反馈。你可以自己创建一个样本，也可以使用前一年的样本，或私下询问学生是否允许你使用他的作品做示范。如果你发现有能迅速调整心态的学生，如你期望他已经创造了一个立体的但不完美的作品，那么征询使用其作品做示范的做法是有效的。确保对你期望看到和听到的内容进行示范，并在反馈中提出真实、积极和具体的建议。为了示范同伴反馈，这里是一些可能的步骤。你可以据此做出调整，以适应自己课程的具体内容。

示范同伴反馈：

1. 分发样本作品的副本。
2. 讨论将要回答的指导性问题。
3. 讨论提供反馈的关键内容。
4. 阅读样本作品，出声思考该作品的优点。
5. 演示如何在提供反馈时出声思考，回答指导性问题。
6. 要求学生阅读作品并向你的反馈中添加内容。

7. 全班就反馈展开课堂讨论。

通过提供有关反馈质量的指导建议，帮助学生专注于提供具体、可操作的反馈，例如：

◇在发表评论之前先完整阅读作品。

◇指出作品的优势。

◇从读者的角度提供有礼貌、适当的建设性意见。

◇对特定作品进行评论，并坚持关注关键内容。

◇在向团队成员发表书面意见之前，重新阅读一遍，以确保其清晰可读。

这种方法的一个变式是让学生比较彼此的反馈，而不是批评对方的反馈。学生比较各自的答案，并描述其异同，但不批评彼此的作品。比较答案可以帮助学生在同伴互评小组中首先开始互相交流，从而有机会倾听其他反馈，且不会感到自己的作品被批评指责。

构建有目的的互动

学生需要明确陈述的期望，即他们需要提出反馈意见，并听取他人的反馈意见。这应该是一种被建构的经验，不会引发有关反馈价值和准确性的争论，不会说三道四。

同伴互评小组中的有目的的互动有以下五个步骤：

1. 学生阅读彼此的作品。

2. 学生回答具体问题，从而为对方的作品提供反馈意见。

3. 学生说出阅读其他人的作品后学到的东西。

4. 学生说出他们因为反馈而学到了什么。

5. 学生修改自己的作品。

可以在黑板上写下每一个步骤，并设置一个计时器，这样学生就能知道什么时候从一个步骤转移到下一个步骤。

安排学生分组

通常，同质分组最适合学生互评分组，因为学生可以从拥有相似学习成绩的人那里得到反馈。一个学困生可能难以向学优生提供有用的反馈。在决定如何分组时，考虑学生在现有单元中所能提供的反馈深度，因为学生的优势可能会因单元不同而有所不同。除此之外，还要考虑学生可能拥有的其他专业优势。你可能会配对两个善于写作的学生、两个善于描述细节的学生或两个不擅长句子结构的学生。组织学生进行分组是一个推动学生走向更精准教学阶段的机会，所以请明智地配对。

建立互动常规

在学生开始小组学习之前，让他们知道自己将在同伴互评小组中学习，并告知将要提供反馈的主题或项目。在使用常规时要保持一致性。如果学生没有完成足以收到可靠反馈的作品，请不要将他们与那些已经完成足够作品的人搭配。相反，可以让他们和其他同样没有完成足够作品的人合作，并向他们提供另一名学生已完成作品的副本。你可以要求他们就这份作品提出反馈意见，就像你对反馈进行示范时做的那样。

教学和强化意动技能

如果学生不相信他们能够提升，请不要要求他们提供和接收反馈。人们经常会错误地认为创造力、艺术能力和运动能力等能力都是固定的，并且这些能力不能被改变。但其实，包括智力在内的能力都是可以培育出来的。拥有成长心态的人相信，他们可以增加自己的智力和其他能力。当学生第一次尝试某事时，如果没有取得成功，要坚持下来，就需要有成长心态。好消息是，你可以激励和培养学生的成长心态。

为了培养学生的成长心态，帮助学生意识到他们说“我不擅长数学”这样的话时，实际上就表现出了僵化思维。要帮助学生明白，只是因为过去可能对某个主题或内容有困惑，并不意味着他们不具备学习的能力。请赞美学生的努力，而不是他们的智力。肯定学生的努力，并指出他们表现出创造力或更深入思考的具体项目或技能。和他们讨论通过努力学习和决心克服障碍的其他人。

常见错误

虽然同伴反馈是这一方法的重点，但同伴反馈不应取代教师的反馈。为了使同伴互评小组对学生来说富有成效且实际可行，以下是一些需要在过程中规避的常见错误：

◇教师太频繁地要求学生提供反馈或反馈太多关键内容。

◇教师并没有告诉学生将要进行同伴之间的反馈，所以当学生被告知同伴会看自己的作品时，他们非常吃惊。

◇教师等到期限之日才引入同伴互评小组，没有给学生足够的时间在收到反馈后修改作品。

◇教师要求学生代替自己为作品打分。

◇教师没有让学生根据他们收到的反馈回去修改学习成果。

◇教师没有指定学生应当给出什么类型的反馈。

同伴互评小组的正例和反例

在阅读这两个正例及其相应的反例时，请考虑这些教师是如何巧妙地避免或制造上述常见错误的。

同伴互评小组的小学正例

这个小学正例的学习目标是：使用形容词和副词，并根据要修改的内容在两者间进行选择（CCSS Language K−5, 2nd grade）。该示例的教师选择单练这项技能，让学生在造句时彼此反馈。她的班级正在学习科学中有关沙漠的内容，所以她决定将目标技能的练习与学生已经学习过的有关沙漠的知识相结合。为了准备这个活动，教师已经安排了学生配对，并给每个学生一个书写用的小白板。她这样开始授课：

> 同学们，请回忆一下我们先前学习过的有关形容词和副词的内容。形容词描述名词，副词描述动词。今天，我们将在关于沙漠的写作中使用形容词和副词。这里有一些沙漠的照片，帮助你们回忆在科学课中学到的东西。我希望你们写下一句关于沙漠的话，并确保句子中含有形容词和副词。

教师四处巡视，如果有学生想不出形容词或副词来造句，教师就指导学生将词汇墙作为资源。当学生完成句子时，教师继续说：

> 现在我希望你们阅读搭档的句子。请圈出形容词，并在副词下面画线。如果形容词缺失，则请在相应的名词处画上三角形；如果副词缺失，也请在相应的动词处画上三角形。接下来，我希望你们告诉搭档：“我希望你……”或提问：“你怎么描述……”我已经在白板上写了这些句子的开头模板供大家使用。

当学生与合作伙伴交谈时，教师四处巡视，检查学生是否在白板上画出三角形，是否听取合作伙伴的意见，以确保他们在向同伴提供特定的关于形容词和副词的反馈。

> 同学们，既然你们已经收到了关于所写句子的反馈意见，请重新开始工作。即使句子中已经有一个形容词和一个副词，你也可以改变。你是否可以让句子更详细？你是否可以更有想象力？……

然后学生根据反馈修改句子。课堂教学继续进行，学生再写作另一句话，但这次是独立练习，不接收来自合作伙伴的反馈。

同伴互评小组的小学反例

反例中教师使用的是相同的课程，也是让学生写下句子。然后，她只是指示学生“帮助搭档写出一个更好的句子”，没有让学生圈出和画出名词、动词、形容词和副词，也没有提供如何有效反馈的明确指导。有些学生最终代替需要帮助的学生重写句子，没有给他们指点并提出问题。

同伴互评小组的中学正例

这个示例中艺术课程的学习目标是：识别、选择和使用元素及原则来组织自己作品的构造（Arizona Visual Arts Standards PO 201）。在本课中，学生将收到同伴关于他们画作中使用透视的反馈。为了所有学生都能收到适合改进的反馈意见，教师根据他们展现透视的能力将学生配对，从而让已经掌握概念的学生可以向其他已经掌握概念的学生提供意见反馈。他在白板上写了以下三句反馈开头模板：

◇你通过……展示了有效的透视。

◇你的画中 ________ 是一个有意思的部分，因为……

◇你的画中 ________ 是一个有待加工的部分，因为……

教师也在白板上写下了一句自我反思的开头模板：

◇我可以通过……来加强画中的透视。

> 当你们向同伴提供反馈时，请不要告诉他们每一处需要改进的地方，只需简单回应白板上的前三个问题。请花一些时间仔细观看同伴的绘图，并以书面形式回答问题。我会告诉你什么时候可以开始与你的同伴分享。

当学生安静看画和起草反馈意见时，教师四处巡视，检查反馈是否集中在透视上。几分钟后，教师让完成反馈意见的小组开始分享彼此的观点，直到所有小组都在讨论反馈。在小组讨论过程中，教师还在四处巡视，确保大家都能中肯友善地表达看法，且反馈是按照预期的提高方式给予和接收的。当学生完成给予和接收反馈过程后，教师告知他们回答第四个问题，基于反馈，完成“我将通过……增强绘画的透视效果”。然后，学生继续绘图，根据收到的反馈来改善画面。

同伴互评小组的中学反例

在这个反例中，教师通过与上述示例教师相同的步骤来引导学生，但有一个不同之处。这位教师只给出了前三个问题，且没有明确要求学生使用收到的反馈来改进作品。没有后续跟进的情境，有些学生就难以应用他们从同伴互评小组中学到的东西来完善作品，错过了一个加深体验绘图时使用透视的机会。

确定学生是否在同伴互评小组中有效互动

为了确定同伴互评小组是否已达到预期结果，请确认学生在同伴互评小组中提供和接收反馈时有效地进行了互动和学习。

为了做到这一点，需要做好两件事情：

1. 学生需要积极参与小组讨论，了解其作品的优势和有待改善的地方，从而修改其作品。

2. 教师必须从事某种监控行动来倾听、寻找、阅读、校验、检查或以其他方式确定学生正在做这件事。

这两步过程确保了学生能展现预期结果，并且教师能做到心中有数。请考虑以下有关如何监控同伴互评小组的预期结果的建议。

◇当学生正在写反馈意见时，请在他们身后阅读，以确保其专注于关键内容。

◇让学生总结讨论，然后再认真阅读总结。

◇要求学生反思从对原始作品的讨论中学到的内容，以便教师可以在学生提交最终作品时加以参照。

◇当学生讨论反馈意见时进行聆听，以确保反馈的准确性和可操作性。

◇要求学生在白板上填写一个有待改善的地方，然后举起白板，以便教师可以关注其与关键内容之间的相关性。

使用表6.1学生同伴互评小组的熟练程度量规来确定学生在互动和学习时如何有效地提供并接收彼此的反馈。

表6.1 学生同伴互评小组的熟练程度量规

新手入门	基本掌握	预期达标
学生提供反馈	学生提供准确、可操作的反馈	学生提供关于学习目标、合作伙伴作品中的过程及改进建议的准确、具体的反馈
学生讨论彼此的作品	学生指出合作伙伴作品中的优势和有待改善的地方	学生积极参与讨论双方作品中的优势和有待改善的地方
学生对作品做了一些修改	学生在互动后修改作品	学生利用小组互动中学到的知识来完善作品

开展支架教学和拓展教学满足学生的需要

有时为了满足学生的需要，调整方法是必要的，但不必很复杂。只要在学生彼此提供和接收反馈时，能够帮助他们成长、有效互动和学习，调整过程可能就会变得简单。

支架教学

你可能会遇到一些在同伴互评小组中提供反馈时需要额外支持的学生。

◇要求学生专注于关键内容的一个特定方面或部分，而不是整个作品。这将有助于学生提供和接收反馈，而不会因为所有可能改进的东西而不堪重负。

◇提供有效反馈的正例和反例供学生参考。如果学生不确定如何填写句子模板，他们可以因此找出有效反馈的例子。

拓展教学

在收到反馈意见之前就已经能展示学习目标的学生群体，需要以更复杂的方式来增强和深化学习作品。

◇要求学生小组提供和接收关于如何向某位同学的作品中添加更多的细节，或如何在主张中引用更多陈述证据的反馈意见。

◇让学生修改一个他人的作品，以不同的方式展示学习目标。

教学方法 7　小组学习反思

在教学过程中，学生需要花时间反思自己正在学习的内容。这一方法要求学生参与小组合作以反思学习的不同方面。学生可以独立反思，但像学习的许多其他方面一样，学生的互动能增强反思。通过在团体环境中反思，学生可以听到不同观点，从他人的错误中学习，并为他人的成功而庆祝。小组讨论让学生在安全的环境中表达自己的学习感受。相比于全班范围的讨论，学生在小型同伴团体中更可能说出“我没弄明白”这句话。由于教师和学生之间的能力差距，学生经常觉得向教师坦白自己的挣扎和困惑太冒险了，因而他们可能更愿意与同伴进行对话。小组学习反思这一方法让学生在展示对标准的掌握过程中为彼此提供支持。当学生们一起反思时，他们意识到彼此在学习旅程中并不孤单，可以在别人的努力和成功中找到安慰。

如何有效地实施小组学习反思

与之前的方法相似，有六种教师行为能够有效地实现小组学习反思：（1）明确关键内容；（2）规划有意义的任务；（3）构建有目的的互动；（4）安排学生分组；（5）建立互动常规；（6）教学和强化意动技能。

明确关键内容

该方法的关键内容与先前方法的关键内容有所不同。要有效地实现小组学习反思，教师需要引导学生反思以下三件事情：（1）为了实现学习目标或达成学习目的取得的进步；（2）在学习过程中与同伴交往的任意一个过程；（3）创造的学习成果。

反思进步

学生反思学习的第一个方法是检查和评估其在实现具体学习目标方面的进步。要让学生反思自己的进步，教师必须始终与学生分享学习目标和目的，并在学习开始之前说明所有适用的表现量规或熟练程度量规。

反思过程

学生可以反思其是如何进行学习的。要做到这一点，教师可能会要求学生把重点放在彼此互动的程度、对参与课堂的质量和数量的满意度，以及认为自己带给团队成就的优势上。

反思成果

学生可以反思学习的成果。这些成果可能包括项目的某一部分，学习笔记本中的条目，或者他们收到的书面答复——来自同伴和教师的反馈。学生可以通过创造这些成果来反思成功之处以及其间学到了什么。

规划有意义的任务

在这项元认知方法中，学生有机会和同伴一起讨论其对学习的反思，鼓励他们以大多数学生不能独自完成的方式思考和讨论学习的各个方面。为了促进这种类型的学习反思，请针对你想要学生重点关注的反思类型制定反思问题。

进步

◇你和合作伙伴展现学习目标了吗？ 你下一步的学习计划是什么？

◇你处于表现评价量规的哪个阶段？你的合作伙伴处于哪个阶段？你和合作伙伴能做些什么来帮助彼此进步？

过程

◇你和团体成员今天发言的强点是什么？

◇你们每个人今天如何为小组做出贡献？

◇你们在下一次合作学习时，作为一个小组会有什么样的更出色的表现？

成果

◇将你的回应与合作伙伴的回应进行比较。你的学习成果与合作伙伴的成果有何不同？ 在任务的哪些方面，你和合作伙伴的回应相似？

◇合作伙伴收到的哪些反馈可以帮助你？

如果教师觉得学生需要更多的指导，请为他们提供反思表。表 7.1 是帮助小学生反思与合作伙伴在课堂上的合作情况的。

表 7.1 小学生反思表

今天我的搭档和我选择做：________________
我觉得：  开心 难过 困惑
下次我们将会：________________

表 7.2 是帮助中学生或高中生讨论其对小组合作的贡献的。

表 7.2 中学生反思表

我通过……为小组做出了贡献
这为小组提供了帮助，因为……
下次小组合作，我将……

构建有目的的互动

在整个教学过程中，指导学生有意识地暂停并反思他们的学习。这一方法下的学生互动类似于先前的方法，在互动过程中，学生必须在他们准备好分享自己的观点之前先独自收集想法，并倾听合作伙伴的反思作为有目的的互动的一部分。以下是有目的的互动过程的步骤：

1. 学生反思自己的学习。
2. 学生分享自己的反思。
3. 学生向合作伙伴提供具体的语言鼓励和支持。
4. 学生根据合作伙伴的反馈意见说明他们接下来做什么能促进成长。

如果小组里有两名以上的学生，他们也可以循环实施这一方法：学生围成圆圈去分享、鼓励和支持左边（或右边）的同学。

安排学生分组

这一方法适用于特定分组，该学生小组仅为了此方法而建立。两人一组的分组效果很好，因为学生往往不愿意在一个更大的群体中反思其学到了多少；但是，一旦学生习惯了元认知会话，教师可以扩大群体，这样学生可以听到多种观点。

也可以考虑为此项方法使用非正式的、计划外的分组。让学生选择合作伙伴时，教师无须过多规划，请考虑以下几种方法：

◇希望学生去找合作伙伴时，建立一个播放音乐的常规。当音乐播放时，学生在教室里走动。音乐停止，邻近的学生在一起合作。

◇使用指南针合作伙伴图，学生可以找到四个不同的合作伙伴（北、南、东、西），以配合整堂课程或在一周内的所有课程（参见图 7.1 的指南针合作伙伴图）。

◇使用快速拨号合作伙伴表，学生注册成为彼此快速拨号的特定号码，然后每讨论一个问题，他们就成为列表中下一个人的搭档。这里允许任何数量的配对（参见表 7.3 的快速拨号合作伙伴表）。

◇使用给学生随机分组的电子应用程序或编程。

◇给每位学生发一张扑克牌，扑克牌数值相同的学生成为合作伙伴。

图 7.1 是便于学生形成合作伙伴群体的指南针合作伙伴图的示例。在课程开始之前，让学生找到四个合作伙伴。每个合作伙伴在对方卡片的适当的方位点上签名。重要的是确保他们都在相同的方位点上签字。每次配对，请喊出方位点，并要求学生与该方位点对应的人见面。

图 7.1　指南针合作伙伴图

表 7.3 是用于帮助学生形成反思小组的快速拨号合作伙伴表的示例。

表 7.3　快速拨号合作伙伴表

1	
2	
3	
4	
5	
6	

建立互动常规

无论选择如何组织学生，请花时间为学生迅速而高效的配对建立常规。如指定哪个合作伙伴先发言。如果学生以前已经配对，那么就使用随机的方法，比如哪个合作伙伴最靠近门，哪个合作伙伴写了最长的回答，或者哪个合作伙伴轮到最后一个。稍做安排就可以帮助促成成功的小组互动。如果因为上课的学生人数是奇数而存在三人小组，请提醒他们每人的时间比其他小组要少，所以需要更快速地交流。

教学和强化意动技能

当要求学生反思学习时，他们可能会无意识地从负面角度进行反思。负面思考可以归结为感性思维和焦虑。感性思维是指某人允许情绪来支配自己的想法和行为。当学生似乎挣扎于感性思维时，请帮助他们了解自己的情绪不应支配自己的行为。即使他们对自己的学习没有信心，也不应该停止尝试。单次测试的成绩不佳并不意味着他们没有学习能力。当学生反思自己的学习时，帮助他们将自己的情绪与行为分隔开来，以免他们放弃努力或停止尝试。学生的焦虑也包括持续的负面想法。没有经历过学业成功的学生，往往会对自己的表现抱有负面想法，即使有时候证据显示的是另一种情况。可以通过帮助学生了解导致自己经常焦虑的原因，可以帮助他们监督内部语言，在他们发现自己焦虑的时候多鼓鼓劲。当他们在和合作伙伴讨论学习时，通过为他们示范如何减少负面思考来帮助他们重新看待自我。

常见错误

错误打开了学习的大门。以下是你计划实施此项方法时可以从中学习的常见错误：

◇教师没有为学生配对或构建互动建立常规。

◇教师提出内容问题，而不是反思问题。

◇教师未能将反思活动和学习目标联系起来。

◇教师频繁改变配对常规，经常让学生学习新的配对方法，浪费上课时间。

◇教师不让学生对自己的思考负责，并允许一些学生不断逃避对学习的反思。

小组学习反思的正例和反例

以下是两个正例（一个小学和一个中学）和对应的反例，这些示例说明学生如何通过小组合作来反思学习。阅读这些示例时，请思考自己的课堂，以及如何和学生一起合理运用这一方法。

小组学习反思的小学正例

这个示例可以在任何授课结尾的小学班级中使用。

示例中的学生刚刚完成了一个活动，当音乐开始的时候，课时已经没剩下多少时间了。学生听到音乐后立即辨认出信号，所以他们站起来，开始在教室里移动。当音乐停止时，他们寻找邻近的人并面向他们。教师在一旁观察并快速帮助未配对的学生找到彼此。教师想到那天学生的人数是奇数时，要求一个二人小组邀请剩下的学生加入进来。

> 我想让你们花一些时间来反思今天学到的东西。我们已经就白板上的表现量规展开了几次讨论，所以现在我想让你们静静思考一下自己在量规中的位置及原因。首先，想想你今天在课堂上所做的与表现量规有关的事情。你是自己成功做到了，还是需要一个小组成员或者老师的帮助？如果你需要帮助，没关系，但是你就不能说自己属于量规中的这个评级。记住，量规中的评级意味着你可以自己做到相应的事。所以，如果你今天得到了一些帮助，那么看看下一级的量规评级的要求是不是你

自己能够做到的事情。一旦你最后决定了自己的量规评级并可以解释为什么，请竖起一个大拇指。

当学生做这件事时，教师四处巡视，以备学生有话要悄悄给她说。当她看到有学生竖起大拇指时，她继续说道：

现在我想要你们每个人告诉搭档你将自己放在表现量规上的什么位置，以及你如何知道自己已经达到了这个评级。搭档们，如果你不认可答案，请向对方提问。请让搭档真诚地提出问题。不要告诉搭档，你认为他们在量规哪个评级上；要求他们自己解释答案。如果搭档因为今天学到了一些东西而提高了评级，给他 / 她一个悄悄的击掌，或向他 / 她表达你的祝贺。那接下来，就让我们为自己的学习庆贺吧！我会设置计时器，所以每个人都有一分钟的时间来发言，我希望搭档里个子最高的人先发言。

当学生发言时，教师四处巡视并聆听回答，帮助学生正确地选择自己在量规上的评级。教师也会停下来和在量规评级上有进步的小组一起庆祝。

小组学习反思的小学反例

这个反例中的教师决定尝试这个活动，因为其他教师用得很好。该教师的学生不习惯使用音乐进行分组的规则，他们也不习惯反思学习。教师花时间来解释音乐停止时如何进行分组，并且还解释了量规中的每个评级。这个过程使得下课延迟了，学生也因为教师拖堂而开始感到不耐烦。教师意识到今天不能完成这一方法就放弃了，让学生先下课休息。这位教师的计划不错，但是想一口吃个胖子。这一方法的每一步都需要时间来教授，并且给予学生养成习惯的时间。所以实施新方法时，请每次尝试一个小步骤。

小组学习反思的中学正例

这个示例可以在任何授课结尾的中学班级中使用。

在这个示例中，学生即将完成作业并上交。教师抽出一沓印有反思问题并剪裁成适当大小的卡片。反思问题有两个：“你今天上课时什么做得比较好？”和“你今天对别人的学习做出了什么贡献？”

学生以前看过这些卡片，所以他们知道接下来该怎么做。当学生上交作业时，每个学生拿起一张写有两个问题之一的卡片而先不阅读。他们回到自己的书桌前，静静写下名字、日期和对这个问题的回答。随着越来越多的学生上交作业，具有相同问题的学生开始相互寻找。当两个人都写完时，他们会讨论彼此的答案。所有这一切都是在没有全班范围的教学指导下进行的。教师帮助促成一些学生配对，并确保所有学生在讨论之前都撰写答案。教师没有必要解释指导，因为他早就建立了这个常规。学生花最后几分钟的课堂时间讨论各自的答案，并评论对方的答案。教师可以在整个教室里听到赞美和建议。当学生发言的时候，他们的心情变得更加快乐，因为学生在讨论他们今天课堂上的行为，并且相互庆祝对方的参与。教师四处走动并聆听，不时加入学生间的讨论和庆祝。

下课铃响时，学生将各自的回答放在门口的篮子里。然后，教师找出他尚未了解的部分答复，看看这些学生当天在学习中的反思情况。

小组学习反思的中学反例

反例中的这位教师以前没有尝试过这一方法，但是他希望通过让学生聆听班上所有学生的回应来帮助学生提高。考虑到这一点，他拿到学生对问题的回答，然后要求他们在全班分享答案。这需要很长时间，学生在聆听了最初的几个回答之后就心不在焉了。

让所有学生一次性回答同一个问题通常不能有效地利用课堂时间。

确定学生是否能在小组中学习反思

了解学生是否可以在小组中有效地反思学习的唯一方式是亲自观察。请提前计划如何进行监控，以便能做好准备并能为此关键步骤分配时间。以下是你可能会使用的一些监控方法：

◇聆听学生解释为什么合作伙伴这样认定自己在量规上的评级。

◇让学生想一个词语来描述自己在学习中做得好的事情，然后要求学生告诉你其搭档所想的词语。

◇让学生在便利贴上写下根据讨论决定接下来要做的两件提高他们评级的事情，并将便利贴贴在教室门上。

◇让学生在白板上写下合作伙伴如何展现出学习目标的例子。四处走动聆听对话时，请阅读这些例子。

表 7.4 的学生小组学习反思的熟练程度量规将有助于你评估学生是否正在或正准备展现此方法的预期结果。

表 7.4　学生小组学习反思的熟练程度量规

新手入门	基本掌握	预期达标
学生回答反思问题	学生解释自己关于学习的思考	学生通过解释自己的学习，积极参与关于他们学习进步的讨论，并积极倾听和交流合作伙伴的回应
学生听取同伴的回应	学生听取和回应同伴的回应	学生可以解释小组互动如何帮助他们确定下一步成长步骤
学生准确地对他们的学习进行反思	学生能识别下一步成长步骤	

开展支架教学和拓展教学满足学生的需要

采用支架教学还是拓展教学，这取决于你在课堂中选择实施的反思问题和互动类型。做计划时请记住那些需要你做出特别调整的学生。

支架教学

◇为难以回答反思问题的学生提供一个问题单。

◇提供样本答案，并要求学生进行拓展。

◇给学生个人计时器，以便他们可以自己设定时间限制。

◇提供从关键内容或与学习相关的单词中挑选一些语词，这可能有助于学生讨论自己的学习思维。

◇告诉学生你认为他们在熟练程度量规的哪个评级上，然后让他们向合作伙伴解释为什么。

拓展教学

如果学生小组很容易开展反思学习，请让他们使用以下建议来推测校外生活：

◇询问学生今天为团队所做的贡献可能会对团队中的同伴有什么用处。

◇要求学生比较彼此的答案，并对单元学习进行概括。

◇要求学生集思广益，开展头脑风暴讨论如何帮助彼此学习。

结 语

本书旨在帮助教师开展更加有效的课堂教学。正如本书之前已经介绍过的，首先教师需要熟练地帮助学生获得有利于学习的互动的技能。

为了检验本书目标是否达成，教师不仅要从学生中搜集信息，还要从导师或者同事中寻求反馈，以找到志同道合之人，同时在策略的实施过程中，积极开展有意义的反思。这样一来，即使教师没能从本书中学得零星技巧，至少也可认识到监控的重要性。监控是教师的专业水平以及学生的学习成绩增长的临界点。策略使用并不是终点，教师的目标应该是预期结果：学生在小组互动中对内容获得更深层次的理解。

为了更有效地实施本书策略，请遵循以下三个步骤：

1. 在策略实施过程中，发挥自身的能力和创造力对本书中的各种教学方法进行适应性改编。

2. 对预期结果进行监控。换句话说，就是在使用某教学方法的同时，对其有效性进行分析。

3. 如果监控结果显示，因为教师没有提供充分的教学指导而导致学生未能实现预期结果，这时教师便要想办法改变和调整。

毫无疑问，本书可以作为教师提升个人专业技能的行为指南，但是当教师与同事一同研读和实践时，必将获益更多。

反思与讨论问题

在小组会议或向教练、导师或督学会面寻求精神食粮前，教师可以使用以下的反思与讨论问题：

1. 在阅读和实施本书的教学方法之后，你的教学发生了怎样的变化？

2. 在为学生提供支架教学和拓展教学的过程中，你总结出哪些调整和改进教学方法的技巧？

3. 在实施本书教学策略的过程中，你遇到的最大挑战是什么？

4. 实施本书教学策略后，学生的学习发生了哪些变化？

5. 你会如何与同年级或同一部门的同事分享学到的东西？

增加教学专业知识和技能的最佳方式是实施、监控和分析学生的学习成长。多年的科学研究表明，组织学习活动的策略将增加学生的成就并促进学习，但只有优秀教师通过艺术般的教学判断和经验实施该策略时才能达到这种效果。正是教学的艺术和科学的精湛结合，创造了最丰富的学习环境、教师最大程度的满足和学生最好的学习结果。

参考资料

[1]Arizona Department of Education. (2006). *The Arizona Standards for Visual Arts*. Retrieved March 31, 2015, from <https://www.azed.gov/standards-practices/files/2011/09/visualarts.pdf>.

[2]Common Core State Standards Initiative. (2010). *Common Core State Standards for Mathematics*. Retrieved March 31, 2015 from <http://www.corestandards.org/wp-content/uploads/Math_Standards.pdf>.

[3]Commonwealth of Massachusetts Department of Education. (2003). *Massachusetts History and Social Science Framework*. Retrieved March 31, 2015, from <http://www.doe.mass.edu/frameworks/hss/final.pdf>.

[4]de Bono, E. (1999). *Six thinking hats*. New York: Little, Brown and Company.

[5]Dickson, S. V., Collins, V. L., Simmons, D. C., & Kame'enui, E. J. (1998). Metacognitive strategies: Instructional and curricular basics and implications. In D. C.

Simmons & E. J. Kame' enui (Eds.), *What reading research tells us about children with diverse learning needs* (pp. 361–380). Hillsdale, NJ: Erlbaum.

[6]Fisher, D., & Frey, N. (2007). *Checking for understanding: Formative assessment techniques for your classroom.* Alexandria, VA: Association for Supervision and Curriculum Development.

[7]Fisher, D., & Frey, N. (2014). *Better learning through structured teaching: A framework for the gradual release of responsibility.* Alexandria, VA: Association for Supervision and Curriculum Development.

[8]Frey, N., Fisher, D., & Everlove, S. (2009). *Productive group work: How to engage students, build teamwork, and promote understanding.* Alexandria, VA: Association for Supervision and Curriculum Development.

[9]Hattie, J. (2008). *Visible learning: A synthesis of over 800 meta-analyses relating to achievement.* New York: Routledge.

[10]Johnson, D. W. (1975). *Learning together and alone: Cooperation, competition, and individualization.* New York: Prentice Hall.

[11]Johnson, D. W., & Johnson, R. T. (2005). *Teaching students to be peacemakers.*Minneapolis, MN: Burgess Publishing Company.

[12]Johnson, D. W., & Roger, T. (2003). *Assessing students in groups: Promoting group responsibility and individual accountability.* Thousand Oaks, CA: Corwin.

[13]Kagan, S. (2009). *Cooperative learning.* San Clemente, CA: Kagan Cooperative Learning.

[14]Marzano, R. J. (1992). *A different kind of learning: Teaching with dimensions of learning.* Alexandria, VA: Association of Supervision and Curriculum Development.

[15]Marzano, R. J. (2007). *The art and science of teaching: A comprehensive framework for effective instruction.* Alexandria, VA: Association for Supervision and

Curriculum Development.

[16]Marzano, R. J. (with T. Boogren, T. Heflebower, J. Kanold-McIntyre, & D. Pickering). (2012).*Becoming a reflective teacher.* Bloomington, IN: Marzano Research Laboratory.

[17]Marzano, R. J., & Brown, J. L. (2009). *Handbook for the art and science of teaching.* Alexandria, VA: Association for Supervision and Curriculum Development.

[18]Marzano, R. J., Carbaugh, B., Rutherford, A., & Toth, M. D. (2014). *Marzano Center teacher observation protocol for the 2014 Marzano Teacher Evaluation Model.* West Palm Beach, FL: Learning Sciences International.

[19]Marzano, R. J., & Heflebower, T. (2012). *Teaching and assessing 21st century skills.* Bloomington, IN: Solution Tree Press.

[20]Marzano, R. J., & Simms, J. A. (with T. Roy, T. Heflebower, & P. Warrick). (2013). *Coaching classroom instruction.* Bloomington, IN: Marzano Research Laboratory.

[21]Marzano, R. J., & Toth, M. D. (2013). *Deliberate practice for deliberate growth: Teacher evaluation systems for continuous instructional improvement.* West Palm Beach, FL: Learning Sciences International.

[22]Marzano, R. J., Yanoski, D. C., Hoegh, J. K., & Simms, J. A. (2013). *Using Common Core Standards to enhance classroom instruction and assessment.* Bloom-ington, IN: Marzano Research Laboratory.

[23]National Council for the Social Studies (NCSS). (2013). *The College, Career, and Civic Life (C3) Frame for Social Studies State Standards: Guidance for enhancing the rigor or K–12 Civics, Economics, Geography, and History.* Silver Spring, MD: NCSS.

[24]*Next Generation Science Standards: For states, by states.* (2013). Retrieved

March 31, 2015, from <http://www.nextgenscience.org/next-generation-science-standards>.

[25]Perini, M. J., & Silver, H. F. (2012). *The core six: Essential strategies for achieving excellence with the Common Core.* Boston, MA: Heinle ELT.